14살에 시작하는

처음 심리학 2

14살에 시작하는 처음 심리학 2

1판 1쇄 발행일 2019년 6월 5일 **1판 2쇄 발행일** 2020년 10월 27일
글쓴이 정재윤 **펴낸곳** (주)도서출판 북멘토 **펴낸이** 김태완
편집 박소연, 김정숙, 조정우 **디자인** 책은우주다, 강희연, 안상준 **마케팅** 최창호, 민지원
출판등록 제6-800호(2006. 6. 13.)
주소 03990 서울시 마포구 월드컵북로 6길 69(연남동 567-11), IK빌딩 3층
전화 02-332-4885 **팩스** 02-6021-4885 **이메일** bookmentorbooks@hanmail.net
인스타그램 https://www.instagram.com/bookmentorbooks__
페이스북 https://facebook.com/bookmentorbooks

ISBN 978-89-6319-303-8 43100

이 도서의 국립중앙도서관 출판예정도서목록(CIP)은 서지정보유통지원시스템 홈페이지(http://seoji.nl.go.kr)와 국가자료공동목록시스템(http://www.nl.go.kr/kolisnet)에서이용하실 수 있습니다. (CIP제어번호: CIP2019019340)

세상을 읽는
아주 희한한
심리 교과서

14살에 시작하는 처음 심리학 2

정재윤 지음

북멘토

글쓴이의 말

교실 밖 세상을 이해하는 인간의 심리 읽기

『14살에 시작하는 처음 심리학』이 세상에 나온 지 어느새 2년이 지났다. 그동안 국가적으로, 사회적으로 많은 일이 있었다. 현직 대통령이 파면을 당하는가 하면, 남북 정상들의 역사적인 첫 만남도 있었고, 힘 있는 사람들의 갑질로 온 나라가 떠들썩하기도 했다.

그리고 한 고등학교 선생님이 시험 문제를 유출하여 자녀의 성적을 조작했다는 혐의 때문에 사회적으로 큰 문제가 되었다. 심리학자로서 보면 이 사건은 자녀를 좋은 대학에 보내 후광 효과를 얻고 싶은 심리에서 비롯되었다. 이처럼 잘못을 저지른 개인의 심리를 들여다보면 사회 문제에 그 싹이 있다.

반대로 사회 문제 안에 개인의 심리가 반영된 경우도 있다. 예를 들면, 우리나라 대입 제도는 자주 바뀌기로 악명 높다. 교육부 장관이 바뀔 때마다 대입 제도가 바뀐다는 말이 나올 정도다. 이렇게 입시 제도가 자주 바뀌는 이유는 교육부 장관의 심리적 행동, 즉 행동 편향에서 비롯된 것일 수 있다. 행동 편향이란 '무언가를 하는 것'이 '아무것도 하지 않는 것'보다 낫다고 믿는 인간의 성향이다. 이 행동 편향 때문에 교육부 장관들은 자신이 열심히 일하는 것을 보여 주기 위해 입시 제도를 바꾼다고 볼 수 있다. 개인의 심리적 행동이 사회에 영향을 준 경우다. 이처럼 사회 문제들과 심리학은 밀접한 관계가 있다. 사회란 사람들이 모여서 이루어지고, 사회를 움직이는 것은 결국 사람들이며, 사람의 행동을 연구하는 학문이 심리학이기 때문이다.

얼마 전, 우리나라 교육 문제를 소재로 한 드라마 〈SKY 캐슬〉의 인기가 엄청났다. 〈SKY 캐슬〉은 자녀 교육에 목숨을 거는 부모들과 우리나라 교육제도의 문제점을 낱낱이 드러내었다. 심리학자로서 이 드라마의 인기 비결을 꼽자면 학습 코디, 시험 문제 유출, 경쟁 등 겉으로 보이는 비정상적인 사회 현상 속에서 드러나는 인간 심리를 잘 반영한 것이라고 생각한다. 다시 말해 〈SKY

캐슬〉에는 개인의 심리뿐만 아니라 교육과 관련한 사회 문제의 심리가 많이 녹아 있다.

〈SKY 캐슬〉에 등장하는 부모들은 '후광 효과'를, 서울대 의대만을 목표로 하는 강예서는 '가면 증후군'을, 하버드 대학생이라고 감쪽같이 속여 온 차세리는 '리플리 증후군'을 보인다. 재미있는 것은 〈SKY 캐슬〉에 등장하는 부모들은 '다원적 무지' 혹은 '제3자 효과'에 휩싸여 있다.

이런 심리들은 『14살에 시작하는 처음 심리학 2』에 모두 등장한다. 그렇다면 교실 안에서 가장 많이 작동하는 심리는 무엇일까? 교실 안에서는 다원적 무지, 죄수의 딜레마, 가면 증후군, 리플리 증후군의 심리들이 어떻게 나타날까? 별 효과를 못 본다면서도 선행 학습을 계속하는 아이들, 남들은 다 알고 있는데 자기만 모를까 봐 질문하지 않는 아이들, 친구들의 관심을 받고 싶어 끊임없이 거짓말하는 아이들, 자신의 무능력이 들통날지 모른다고 두려워하는 똑똑한 아이들의 심리를 찾아보기 바란다.

『14살에 시작하는 처음 심리학』이 일상생활에서 겪는 여러 사례를 통해 심리학의 기본 지식들을 알기 쉽게 정리한 생활 밀착형 심리 교과서였다면, 『14살에 시작하는 처음 심리학 2』는 사회 문제 속에 숨어 있는 인간의 심리에 대해 좀 더 많이 다루었다. 사회 문제의 원인을 가만히 들여다보면 인간의 심리, 즉 인간의 욕심이

나 공포심, 희망 따위가 그 바닥에 도사리고 있다. 그러므로 사회 문제의 원인을 분석하고 해결해서 좀 더 나은 사회를 만들려면 인간의 심리를 알아야 한다.

『14살에 시작하는 처음 심리학』에서 심리학 공부는 현명한 사람이 되기 위해서라고 여러 번 강조했다. 이제 말을 조금 바꾸어야겠다. 현명한 사람이란 좀 더 나은 세계를 만드는 사람이고, 심리학 공부를 하는 것은 좀 더 나은 사회를 만들기 위해서라고. 더 나은 사회를 만들려면 사회를 바라보는 더 나은 눈, 더 올바른 눈이 필요하다. 그런 현명하고 올바른 눈을 기르는 데 이 책이 조금이라도 도움이 된다면 좋겠다.

『14살에 시작하는 처음 심리학』을 읽고 독자들이 보내 주신 큰 관심과 사랑에 무척 흐뭇했다. '어렵게 느껴지는 심리학을 일상적인 소재를 통해 이야기 식으로 풀어 주어서 좋았다.' '심리학이란 사람을 사랑하는 법을 배우는 학문이라는 것을 깨달았다.' 등의 의견도 주셨다. 다시 한 번 책을 사랑해 주신 것에 감사드리며, 『14살에 시작하는 처음 심리학 2』에서도 그 관심이 이어지길 바란다.

2019년 초여름

정재윤

차례

피사의 사탑처럼 불안한 인간의 행동들

내 마음속의 트릭 아트, 착각

가면을 만들어 내는 상황

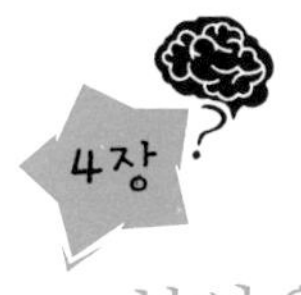

불안을 못 이기는 본능

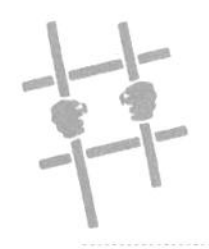

1장 피사의 사탑처럼 불안한 인간의 행동들

1 – 1

가만히 서 있으면 막았을 텐데

행동 편향

“훈이 녀석, 가만히 서 있으면 될 것을…….”

“그러게 말이야. 자신 있다더니…….”

운동복 차림의 똘이와 현이가 상담실 문을 박차고 들어와 땀 냄새를 폴폴 풍기며 투덜댔다. 똘이네 반하고 옆 동네 조기 축구회하고 축구 시합을 한다고 했는데 진 모양이다.

방통이 오른손을 번쩍 들며 반갑게 맞았다.

“어서 와라. 축구하고 오는구나. 너희가 이겼니?”

종잇장 구겨지듯이 두 아이의 얼굴이 동시에 팍 구겨졌다.

"우리가 이길 수 있었는데……."

신통이 두 친구 앞에 자리 잡고 앉으며 약을 올렸다.

"나이 드신 어른들이라고 얕보고 큰소리 뻥뻥 치더니 졌구나?"

방통이 피치크러시를 만들어 내왔다.

"자, 열도 식힐 겸 시원한 칵테일 한 잔씩 마셔."

목이 말랐던지 씩씩거리던 아이들은 얼른 손을 내밀었다. 아이들이 한 모금씩 마시기를 기다렸다가 신통이 물었다.

"어땠는데 그래? 장년층 아저씨들이라고 가볍게 생각하더니 생각했던 것보다 잘하시던?"

현이가 손등으로 입을 훔치며 말했다.

"잘하시는 것도 맞긴 맞는데……, 우리가 좀 봐 드린 거예요."

똘이가 억울하다는 듯이 말했다.

"우리가 다 이긴 게임이었어요. 후반전에 좀 방심했다가 동점골을 내주고 말았지만요. 어쨌든 연장전으로 갔으면 틀림없이 우리가 이겼을 거예요."

이야기인즉, 경기는 2 : 2 동점으로 끝났다. 조기 축구회에서 연장전 대신 승부차기를 제안했고, 똘이네 팀도 찬성했다. 국제 시합 룰에 따라 양쪽 팀에서 다섯 명씩 페널티킥을 차기로 했다. 네 명까지 찼을 때 스코어는 3 : 3. 이 중요한 순간에 똘이네 팀의 마지막 키커가 실패했고, 조기 축구회의 마지막 선수가 슛을 성공

시키면 모든 게 끝나는 상황이었다.

"조기 축구회 아저씨가 찬 공을 충분히 막을 수 있었어요."

많이 아쉬운지 현이가 계속 말했다.

"공이 골대 한가운데로 들어왔거든요. 그런데 골키퍼 훈이가 오른쪽으로 몸을 날린 거예요!"

분하다는 듯, 칵테일 잔을 움켜쥐며 똘이도 거들었다.

"가만히 서 있었으면 몸에 맞았을 텐데……. 그럼 막을 수 있었을 거예요. 에잇, 그것도 못 막냐고."

"하하, 결국 승부차기에서 졌구나. 행동 편향 때문에 진 거네."

"행동 편향이요? 그게 뭐예요?"

현이가 궁금해했다. 똘이는 칵테일 잔을 입술로 문 채 신통을 바라보았다.

"너희들, 골키퍼 훈이가 왜 오른쪽으로 몸을 날렸다고 생각하니?"

"공이 오른쪽으로 올 거라고 예상해서 그런 거죠."

"공이 날아오는 방향을 보고 그쪽으로 몸을 움직이면 될 텐데, 왜 예상을 하고 움직였을까?"

두 아이 모두 '뭐래?' 하는 표정을 지었다.

"삼촌, 그걸 몰라서 묻는 거예요? 공이 워낙 빨리 날아오니까, 날아오는 방향을 보고 몸을 날리면 너무 늦으니까 그렇죠."

현이가 열심히 고개를 끄덕였다. 똘이 말이 백 번 맞다는 뜻이었다.

"하하, 내가 바보 같은 소리를 했구나. 그럼 훈이 잘못도 아니네. 어차피 예상을 해서 몸을 날리는 거라면, 예상이 틀릴 수도 있잖아. 설마 예상을 잘못했다고 훈이를 탓하는 건 아니겠지?"

현이가 멋쩍어하며 말했다.

"뭐, 그런 건 아니죠. 그런데 가만히 서 있었으면 막을 수도 있었다고 생각하니까 아쉬워서 그러죠."

"너희들 승부차기에서 가만히 서 있는 골키퍼 본 적 있니?"

두 아이는 고개를 저었다.

"너무 예상이 빗나가 멍하니 서 있는 골키퍼는 있을지 몰라도 일부러 가만히 서 있는 골키퍼는 없을 거야."

신통이 몸을 뒤로 젖히며 편하게 기댔다. 본격적으로 설명할 때 나오는 행동이다.

"마이클 바엘리라는 이스라엘의 스포츠 심리학자가 월드컵, 유럽컵, 챔피언스 리그 등 3대 축구 경기에서 페널티킥 286개를 분석했어."

현이가 감탄했다.

"그런 걸 연구하는 사람도 있어요?"

"심리학자들은 별걸 다 연구하지? 마이클 박사는 공을 차는 선수가 선택한 방향, 골키퍼의 대응, 골의 성공 여부를 분석했어. 먼저, 선수가 공을 날리는 방향은 오른쪽, 왼쪽, 가운데 세 방향이 비슷한 비율이었어. 각각 1/3씩이었지. 하지만 가운데에 그대로 서서 공을 막는 골키퍼는 극히 드물었어. 골키퍼들은 너희들이 말한 대로 키커가 공을 차기 전에 어느 쪽으로 공을 날릴지 예상하고 몸을 움직였어. 오른쪽이나 왼쪽으로 몸을 날렸지. 그런데 방향을 맞혔다고 하더라도 공을 막은 것은 25퍼센트에 불과했어."

"방향을 맞혔는데도요?"

"그렇다니까! 그럼, 가운데 서서 골을 막은 골기퍼의 수비 확률은 어떨까?"

아이들의 눈초리에 신통은 핀잔을 들을까 봐 말을 이었다.

"가운데에 그대로 서서 공을 막은 골키퍼는 몇 명 안 되지만, 수비 확률은 60퍼센트였어. 이런 연구 결과로 보자면 가운데에 그대로 서 있는 것이 오히려 합리적이라고 할 수 있지."

"에이, 그렇다고 가만히 서 있을 수 있나요?"

"그렇지? 가만히 서 있다가 공이 한쪽 구석으로 들어가면 엄청 욕을 먹겠지? 멍청하게 가만히 서 있다가 골을 먹었다고 말이야. 그렇게 생각하기 때문에 대부분의 골키퍼가 어느 쪽으로든 몸을 날리지. 이처럼 '무언가를 하는 것'이 '아무것도 하지 않는 것'보다 낫다고 믿는 인간의 성향을 행동 편향이라고 해."

"그럼 '아무것도 안 하고 가만히 있는 것'이 괴로워서 행동을 하는 거란 말이에요?"

똘이가 놀랍다는 표정으로 말했다.

"사실이 그래. 행동 편향은 승부차기에서만 일어나는 게 아니야. 우리 주변에서도 행동 편향이 많이 일어나지."

"회사에서도 그런 일이 많이 있어."

일반 기업에 다녔던 방통이 끼어들었다.

"내가 일했던 팀은 신제품이 출시될 때마다 그 제품에 대한 소비자의 사전 평가를 조사한 다음, 보고서를 만들었어. 샘플로 만들어진 제품을 몇몇 소비자들에게 사용하게 한 뒤, 사용 후기를 모아 분석했지. 그런데 팀장이 새로 올 때마다 일하는 방식을 바꿔야 했어. 어떤 팀장은 매장을 조사하라고 하고, 어떤 팀장은 소비자를 조사하라고 했지. 보고서 양식을 간단하게 그래픽으로 만들라고 하거나, 자세히 글로 보고하라고 하는 팀장도 있었어. 기존의 업무 방식을 그대로 유지하려고 하는 팀장은 하나도 없었어. 결과물에는 별 차이가 없는데도 자꾸 뭔가 새로운 것을 시도한 거지. 팀장들의 업무 방식이 달라서라기보다 자기가 뭔가를 하고 있다는 것을 상사들에게 보여 주기 위해서였던 거 같아."

"방통이 한 얘기도 행동 편향에 따른 행동이 맞아. 그와 비슷한 이야기를 하나 하면, 아직 중학생이긴 하지만 너희들 우리나라 대학 입시 제도에 관심이 많지?"

신통이 아이들을 번갈아 보았다.

"가끔 듣기는 해요. 엄마한테 듣거나 학원에서요. 영어 듣기를 잘해야 한다거나 논술 공부도 열심히 해야 한다거나."

"그럴 거야. 우리나라 대입 제도는 자주 바뀌기로 악명이 높지. 입시 전형이 바뀔 때마다 그에 맞추어 공부 방법이나 중점적으로 공부해야 하는 과목을 바꿔야 하기 때문에 학생들과 학부모들이 촉각을 곤두세우고 있지. 얼마나 자주 바뀌면 교육부 장관이 바뀔 때마다 대입 제도가 바뀐다는 말이 나왔겠어. 나는 이것도 행동 편향 때문이라고 생각해."

"교육부 장관들이 뭔가를 하고 있다는 걸 보여 주기 위해서 장관이 바뀔 때마다 입시 제도를 바꾼다는 뜻인가요?"

"꼭 그렇다고 할 수는 없지만 사교육 과열 경쟁이 입시 제도 자체에 원인이 있는 게 아니라, 더 근본적으로 우리나라의 학벌주의나 간판주의 때문이잖아. 그런데도 입시 제도만 이렇게 바꾸고 저렇게 바꾸는 것은 행동 편향 때문이라고 할 수 있지."

"그런데 행동 편향은 왜 생겼을까요?"

"행동 편향은 인간이 진화하는 동안 생겼을 거라는 의견이 많아. 원시 사회는 사냥이나 채집을 해서 먹고살던 때잖아. 밖에 나가서 짐승을 사냥하던 남자들이나 움막에 남아 아이를 돌보면서 먹거리를 채집하던 여자에게 가장 두려운 것은 맹수들이었을 거야. 맹수와 맞닥뜨리게 되면 어떻게 했을까?"

"일단 도망쳤겠지요."

"맞아! 무조건 도망치고 봤을 거야. 가만히 있다가는 목숨을 잃을 수도 있을 테니까. 그래서 가만히 있기보다 우선 행동하는 습성이 생긴 거지. 가만히 있으면 무언가 잘못한 거 같고, 불안하고, 무언가 해야 할 것 같은 심리도 생겨나고."

똘이도 한마디 보탰다.

"무슨 일이 닥치면 옆에 있는 사람들이 늘 말하잖아요. '가만히 있지 말고 뭐라도 좀 해 봐요!' 영화나 드라마 같은 데 보면 자주 나오는 대사지요."

신통이 씩 웃더니 코를 긁적였다. 뭔가 다른 얘기를 하고 싶을 때 하는 습관이다.

"그런데 말이야. 사람에게는 행동 편향과 정반대인 습성도 있어."

아이들이 궁금하다는 눈빛으로 신통을 바라보았다.

"예를 들면, 너희들이 의사야. 말기 암 환자가 있다고 해 보자. 치료약이 하나 있기는 한데, 갓 나온 신약이라 한 번도 써 본 적이 없는 약이야. 제약 회사 설명으로는 이 약을 먹으면 환자의 80퍼센트는 생명이 조금 연장되지만, 20퍼센트는 곧바로 죽는다고 해. 이런 경우에 너희들은 이 약을 환자에게 권하겠니, 안 권하겠니?"

"선택하기 너무 어려운 문젠데요."

"저는 권하지 않을 것 같아요."

현이가 자신 있게 대답했다.

"왜?"

"어차피 살 날이 얼마 안 남은 환자인데, 약을 줬다가 먹고 바로 죽어 버리면 어떡해요? 그렇게 되면 환자 가족들한테 얼마나 원망을 듣겠어요?"

방통이 고개를 절레절레 흔들며 말했다.

"맞아, 매스컴에서도 의사가 환자를 죽였다고 떠들어 대겠지. 의사 자격이 없다고 물러나라고 할지도 모르지."

신통이 고개를 끄덕이며 말했다.

"그렇겠지. 나라도 약을 안 줄 것 같아. 시한부 환자라 어떤 치료를 해도 살기는 힘들 텐데, 괜히 약을 줬다가 환자가 목숨이라도 잃으면 죄책감이 훨씬 더 클 거야. 사람들도 의사가 신약 처방을 안 했다고 크게 탓하지는 않을 거 같아. 이렇게 뭔가 행동해야 할 상황인데도 아무것도 안 하려는 심리를 부작위 편향이라고 해."

"행동 편향과는 정반대네요."

"예를 한 가지 더 들어 볼게. 스포츠 경기에서는 심판의 판정이 아주 중요한 역할을 하잖아. 라이벌전이나 준결승, 결승전 같은 아주 중요한 경기에서 결정적인 순간, 심판이 휘슬을 불면 경기 분위기가 완전히 달라지기도 하지. 승패에 영향을 크게 끼치니까 말이야. 그럴 때 흥분한 감독이나 선수가 심판에게 항의했다가 퇴장당하는 일도 종종 있고, 관중들도 심판에게 야유를 보내지. 그래서 심판도 아주 중요한 경기에서는 휘슬을 덜 불게 된다는 연구 결과가 있어. 미국의 NBA 농구 경기를 분석한 결과, 접전인 경기의 결정적 순간에는 심판이 휘슬을 평소의 절반 이하로 분다고 밝혀졌어. 오죽하면 '경기가 끝났을 때 누가 심판이었는지 기억나지 않는 심판'이 좋은 심판이라는 말까지 나왔겠니? 이것도 다 부작위 편향이 작동한 것이라고 봐야지."

똘이와 현이가 재밌다는 듯이 싱글거렸다.

"가만있으면 중간이라도 간다, 이거죠?"

"모난 돌이 정 맞는다는 말도 있지."

신통도 '긁어서 부스럼'이라는 속담을 말했지만, 반응이 없자 다음 말을 이어 갔다.

"하지만 주민들이 항의할까 봐 공무원이 아무 일도 안 하고, 부작용이 두려워 제약 회사에서 신약을 개발하지 않는다면 이 세상은 전혀 발전이 없겠지?"

"그럼 어떻게 해요? 행동을 해도 문제고 안 해도 문제고."

"그래서 선택과 판단을 해야 할 상황에 부딪힐 때마다 '꼭 행동을 해야 할 상황인가?', '상황이 분명해질 때까지 더 기다려야 하나?'를 생각해 봐야 해. 우리는 원시인이 아니니까 합리성에 기댈 수밖에 없어. 그럼 좀 더 올바른 선택이 가능하지 않을까?"

신통의 말을 들은 아이들은 깊이 숨을 들이마시고 입을 꾹 다물었다.

행동 편향

페널티킥을 차는 선수들의 1/3은 골대 중앙을 향해 공을 찬다. 이 통계 수치를 잘 알고 있으면서도 골대 중앙에 그대로 서서 공을 막으려는 골키퍼는 거의 없다. 1/2은 왼쪽으로 몸을 날리고, 1/2은 오른쪽으로 몸을 날린다. 골대 중앙에 가만히 서 있다가 공이 왼쪽이나 오른쪽으로 스쳐 지나가는 것을 보는 것보다야 틀린 방향으로라도 몸을 날리는 것이 덜 괴롭기 때문이다. 이처럼 '무언가를 하는 것'이 '아무것도 하지 않는 것'보다 낫다고 믿는 인간의 성향이 바로 '행동 편향'이다.

우리는 결단력 있게 행동하는 사람에게 찬사를 보낸다. 반대로 행동하지 않고 가만히 있다가 좋은 결과를 가져온 경우에는 별로 인정해 주지 않는다. 우선 행동하는 것이 생존에 도움이 되었던 원시 시대에 만들어진 습관 때문에 행동하는 쪽을 더 선호하기 때문이다.

행동 편향과 반대로 '부작위 편향'은 '아무것도 하지 않는 것'이 '무언가를 하는 것'보다 낫다고 믿는 성향을 말한다. 행동했을 때보다 행동하지 않았을 때의 책임이 작다고 보는 것이다. 그래서 부작위 편향이 작동하면 인간은 해야 할 일을 하지 않게 된다.

교통사고로 다친 사람이 길에 누워 있어도 나서지 않는 건, 괜히 나섰다가 사정이 더 나빠져 자기에게 책임이 돌아오지 않을까 겁나기 때문이다. 신약을 개발하지 않았다고 제약 회사를 원망하지는 않지만, 신약을 썼다가 부작용이 생기면 제약 회사를 원망한다. 그러나 부작용이 무서워 제약 회사가 신약을 개발하지 않는다면, 인류의 건강 측면에서 더 큰 손해이다. 부작위 편향은 행동 편향에 비해 잘 보이지 않는다. 행동하지 않는 것은 행동하는 것보다 눈에 덜 띄기 때문이다.

그럼 언제 행동하고 언제 가만있어야 할까? 어떤 상황에 처해 행동 편향과 부작위 편향 가운데 어느 쪽을 선택해야 할지 판단해야 할 때, 프랑스의 철학자 앙리 베르그송의 명언을 떠올려 보자.

"행동하는 사람처럼 생각하고 생각하는 사람처럼 행동하라."

부작위 편향이 가져온 최악의 참사, 세월호 침몰 사고

2014년 4월 16일 오전 8시 50분경. 전라남도 진도군 조도면 부근 해상에서 인천발 제주행 연안 여객선 세월호가 전복되어 침몰하는 사고가 일어났다. 세월호에는 안산시 단원고등학교 학생을 비롯하여 476명의 사람이 타고 있었고, 차량 180대와 화물 1,157톤이 실려 있었다. 적재 한도를 크게 초과한 것이었다.

오전 8시 52분 32초. 전남 소방본부 119 상황실에 최초의 신고 전화가 걸려 왔다. "살려 주세요!" 최초 신고자인 학생이 던진 첫 마디였다. 학생은 배가 침몰하고 있다고 했다. 신고 전화를 받은 전남 소방본부 관계자는 목포 해경으로 연결했다. 세월호 승무원은 최초 신고가 있은 지 3분이 지난 8시 55분에 제주 관제 센터에 배가 침몰 중이라고 알렸다. 그리고 3분 뒤인 8시 58분에야 비로소 목포 해경이 사고를 접수했다. 직접 관제를 해야 할 진도 관제센터가 세월호와 교신한 것은 9시 6분이었다.

* 세월호 추모 노란 리본 노란 리본 캠페인은 미국에서 전쟁에 참여한 가족의 무사귀환을 바라는 마음을 노란 리본으로 나타내면서 시작되었다. 우리나라에서는 세월호 실종자들의 무사귀환을 바라는 마음에서 노란 리본 캠페인이 시작되었다.

9시 25분에 서해 해경청 소속 헬기 511호와 해경 123정이 잇따라 도착했다. 해경, 해군, 민간 어선이 구조에 나섰다. 최초 신고가 있은 지 33분 만에 구조에 나선 것이다. 하지만 출동한 해경은 세월호와 교신조차 하지 않았다. 승객들에게 배를 떠나라는 안내도 하지 않았다. 10시 13분, 해경 123정은 이준석 세월호 선장과 선원들을 태우고 현장을 떠나 버렸다. 세월호가 선수를 제외하고 사실상 완전히 침몰한 시간은 오전 11시 20분쯤이었다.

구조된 세월호 탑승자는 승무원 23명, 단원고 학생 75명, 교사 3명, 일반인 71명으로 모두 172명이었고, 304명이 사망했다. 생존자 172명 중 절반 이상은 해경보다 40분가량 늦게 도착한 어선 등 민간 선박이 구조했다.

선장과 선원들은 승객들에게 "가만히 있으라."는 방송만 거듭하다가 자기들만 도망쳐 버렸다. 신고를 받고 출동한 해경은 여객선 안에 300명 이상의 승객이 남아 있는데도 배 밖으로 탈출했거나 눈에 보이는 승객들만 구조하고 세월호 안으로는 진입하지 않았다.

세월호 대참사가 일어난 원인에는 여러 가지가 있겠지만, '적극적으로 구조하지 않았다.'는 것이 가장 큰 원인이다. 구조하기 위해 모든 방법을 동원해서 적극적으로 행동해야 했는데, 그러지 않았던 것이다. 이처럼 부작위 편향은 때로 엄청난 참사를 낳는다.

영국의 정치 사상가 에드먼드 버크는 이렇게 말했다.

"악이 승리하는 데 필요한 유일한 조건은 선량한 사람들이 아무것도 하지 않는 것이다."

1-2

그동안 들인 정성이 아깝다고?

매몰 비용의 오류

늘 명랑하고 씩씩한 미나가 오늘은 상담소 소파에 앉아 한숨만 내쉬고 있었다. 방통이 라즈베리 오렌지 주스 한 잔을 갖다 주며, 미나 앞에 자리를 잡고 앉았다. 하지만 미나의 분위기가 워낙 심각해 보여 방통이 아주 조심스럽게 말을 걸어야 했다.

"민규 때문에 그러는구나?"

민규는 미나의 남자친구다. 미나보다 두 살 많은 고등학교 1학년이다. 미나는 말없이 고개만 끄덕거렸다. 눈에서는 금방이라도 눈물이 쏟아져 내릴 것 같았다.

"민규가 여전히 너를 속상하게 하니?"

미나는 고개만 살짝 돌리고 묵묵부답이었다.

미나와 민규는 학교 글쓰기 동아리에서 만났다. 어려서부터 책 읽기를 좋아하던 미나는 중학교에 입학하자마자 글쓰기 동아리에 가입했다. 거기에서 3학년 선배인 민규를 보고 첫눈에 반했다. 미나는 민규의 글솜씨가 아니라 잘생긴 외모와 멋지게 기타를 연주하는 모습에 반했다. 그 감정이 미나의 일방통행은 아니었다. 민규도 다른 후배들보다 자기를 따르는 미나를 더 친절하게 대했다. 자연스럽게 두 사람은 가끔 만나 맛있는 것도 먹고 영화도 보았다.

미나는 정말 민규를 좋아했다. 밸런타인데이에는 직접 만든 초콜릿을 선물했고, 100일 날에는 기념 선물도 주었다. 민규는 미나의 마음과 선물들을 당연하게 받아들였다. 하지만 그뿐이었다.

"민규 오빠가 나를 좋아한단 말은 다 거짓말인 거 같아요. 제가 전화를 하면 끊어 버리기도 하고, 휴대폰을 꺼 놓고 받지 않을 때도 있어요. 오빠가 고등학교에 간 뒤로 그런 일이 더 심해졌어요. 자기가 만나고 싶을 때만 만나 주고요. 한 달에 한두 번 만나도 자기 이야기만 늘어놓고 내 이야기는 들으려고 하지도 않아요. 난 중학생이고 자기는 고등학생이라 대화가 안 된다면서요."

미나의 눈에서 눈물이 흘러내렸다.

"오늘도 몇 주일 만에 만나기로 해서 약속 장소에 나갔는데, 민규 오빠가 안 오는 거예요. 연락도 없이요. 두 시간이나 기다리다 왔어요. 전화도 안 받아요."

미나는 체념한 듯한 표정이었다.

"오빠를 좋아하니까 다 맞춰 줬는데……. 이젠 나를 좋아하는 게 맞나란 생각이 들기도 해요. 그런데도 아직 만나고 싶은 걸 보면 제가 오빠를 정말 많이 좋아하는 거겠죠?"

책상에 앉아 있던 신통이 미나에게 말했다.

"민규를 만나는 게 그렇게 힘들면 헤어지지 그러니? 민규가 미나 없이 지내 봐야 미나의 소중함을 알 것 같은데."

"하지만 너무 억울해요. 제가 그동안 얼마나 애를 쓴지 아세요? 친구랑 피시방에서 게임하느라 내 전화를 안 받아도, 친구들 만난다고 나와 한 약속을 안 지켜도 화 한 번 안 냈어요. 거짓말하면 또 속아 주고. 그리고……."

할 말은 끝도 없이 많아 보였지만 미나가 말을 멈추었다.

신통이 미나 앞에 와서 앉더니 물었다.

"그동안 민규에게 잘해 준 게 억울해서 못 헤어지겠다는 거지?"

입술을 깨물고 있던 미나가 대답했다.

"내가 그렇게 잘해 줬는데 어떻게 이럴 수가 있죠? 나를 좋아하지 않았던 거예요. 민규 오빠가 나쁜 사람이라는 생각은 드는데, 헤어질 수 없어서 정말 답답해요. 오빠가 원래 나쁜 사람은 아니거든요. 민규 오빠가 마음만 고쳐먹으면 다 괜찮아질 텐데……."

신통이 의심스럽다는 눈짓을 했다.

"정말 그럴까? 네가 스스로를 속이는 거 아니고? 네가 사람을 잘못 보았다는 것을 인정하고 싶지 않은 거 아냐?"

신통이 냉정하게 말을 이어 갔다.

"사람들은 어떤 것을 위해 희생을 치른 다음에도 계속해서 희생하려는 경향이 있어. 그동안 쏟아부었던 시간과 노력, 돈, 애정 등이 아까워서 그러는 거지. 자기 잘못을 인정하고 싶지 않기 때문에 더 많은 희생을 치른다고 할 수 있어."

신통이 말을 멈추고 미나를 한참이나 바라보다가 다시 말을 시작했다.

"한 가지 예를 들어 볼게. 미나하고 민규하고 오랜만에 같이 영화를 보러 가기로 했다고 해 보자. 이왕이면 작품성이 뛰어난 영화를 보고 싶어서 권위 있는 영화제에서 감독상을 받은 영화를 예매했지. 그것도 가는 데 1시간이나 걸리는 예술 영화 전문 상영관을 찾아서 말이야. 그런데 그 영화는 작품성은 높을지 몰라도 난해하고 재미도 없고 지루했어. 이럴 때 두 사람은 그 영화를 끝까지 봐야 할까, 중간에 나와야 할까?"

미나는 '민규 오빠 때문에 속상해 죽겠는데, 무슨 엉뚱한 소리예요?' 하는 표정이었다.

미나의 대답을 기다리던 신통이 말을 이었다.

"대개의 사람들은 돈이 아깝고 극장까지 간 시간이 아까워서 영화를 끝까지 보려고 할 거야. 하지만 그게 잘하는 일일까? 한번 생각해 보자. 영화 요금은 이미 영화표를 샀기 때문에 영화 상영 중간에 극장에서 나온다 하더라도 돌려받을 수 없는 돈이야. 극장에 갈 때 들인 시간과 영화를 보느라 들인 시간도 이미 써 버린 시간이기 때문에 다시 돌려받을 수 없지. 이것을 비용이라고 쳐 보자. 영화 요금과 시간은 다시는 돌려받을 수 없는 비용이야. 이것을 경제학에서는 '매몰 비용'이라고 불러. 이미 땅속에 묻어 버린 비용이란 뜻이지. 재미없는 영화를 끝까지 보려고 하는 것은 이미 들인 매몰 비용이 아까워서 하는 행동이잖아. 그런데 냉정하게 생각하면 더 많은 시간과 비용을 낭비하는 일이지. 이미 돈은 돈대로 쓰고 시간은 들일 대로 들였는데 재미없는 영화를 계속 봐야 한다면, 얼마나 바보 같은 짓이니? 당장 자리를 박차고 나와서 다른 재미있는 놀이를 하는 것이 더 합리적이고 손해를 줄이는 거 아닐까?"

미나는 말없이 고개만 끄덕거렸다. 신통이 미나 쪽으로 다가앉았다.

“이렇게 하면 할수록 더 큰 손해를 볼 것이 분명한데도 매몰 비용이 아까워 어떤 일을 계속하는 것을 ‘매몰 비용의 오류’라고 해. 내 주변에도 매몰 비용이 아깝다고 그만두지 못해서 계속 손해를 보는 사람들이 꽤 있어. 급여가 제때 나오지 않아서 생활이 어려운 지경인데도 그동안 고생한 대가를 받을 수 있을 거라고 믿는다거나 사장님과 정이 들어서 그만둘 수 없다고 이 핑계 저 핑계 다 대면서 계속 회사에 다니고 있는 친구도 있어. 누가 봐도 가망성이 전혀 없는 프로젝트인데 지금까지 투자한 게 아깝다고 끝까지 해 보겠다고 버티는 회사 사장님도 있어. 곧 문을 닫을 게 뻔한 회사인데 조금이라도 손해를 만회해 보겠다고 투자를 늘리는 투자가도 있지. 이런 경우들이 전부 매몰 비용의 오류의 예가 될 수 있지.”

갑자기 미나가 고개를 번쩍 들었다.

“그럼 제가 민규 오빠에게 쏟았던 정성과 시간, 노력, 눈물도 매몰 비용인 셈인가요?”

신통이 차마 말로 대답은 못 하고 고개만 끄덕거렸다.

“그동안 들인 매몰 비용이 아까워서 민규 오빠와 헤어지지 못하는 거고, 민규 오빠를 선택한 제 어리석음을 인정하기 싫은 거고요.”

신통이 얼른 미나의 말을 끊었다.

"너의 정성과 애정을 비용이라는 말로 설명해서 미안하구나. 하지만 중요한 것은 앞일을 생각해야 한다는 거야. 민규가 앞으로 변화할 수 있을지 없을지는 네가 판단할 수 있을 거야. 지금까지의 일로 봤을 때 민규가 변화할 가능성은 별로 없을 거 같아. 미나가 지금까지 해 온 것처럼 계속해서 민규를 이해하고 받아 주다가 또 다시 마음만 다친다면 너무 힘들 것 같아. 지금까지 민규에게 얼마나 애정을 쏟았든 당장 그만두는 것이 현명하다고 생각해."

"사실 저도 민규 오빠가 변할 거라고는 생각하지 않아요. 저는 사랑은 받는 것이 아니라 주는 것이라고 생각했어요. 그래서 오빠가 행복하면 그것으로 나는 좋다고 생각했어요. 그러면서도 한편으로는 얼마나 배신감을 느꼈는지 몰라요. 문제는 저였던 거 같아요. 자기 합리화에 불과했어요. 배신감을 느낄 게 아니라 좀 더 현명하게 굴어야 했어요."

미나가 가방을 들고 일어섰다. 그리고 고개를 꾸벅 숙이고는 힘없이 상담소 밖으로 나갔다. 탁자를 치우는 방통에게 신통이 걱정스러운 눈빛으로 물었다.

"미나, 괜찮을까?"

방통이 고개를 끄덕끄덕했다. 매몰 비용의 오류에 여러 번 빠져 본 사람의 씁쓸한 표정이 보였다.

매몰 비용의 오류

1960년대 초반, 미래에는 초음속 여객기 시대가 올 것이라 예상한 영국과 프랑스는 협력하여 초음속 여객기 개발을 시작했다. 프랑스어로 협력을 뜻하는 '콩코드'가 이 초음속 여객기의 이름이 되었다. 1960년대 말, 콩코드가 완성되어 시험 비행이 시작됐는데, 문제점도 지적되었다.

먼저, 초음속으로 날아야 하는 만큼 연료비가 엄청나게 많이 들었다. 음속을 돌파할 때 나는 소음도 너무 커서 사람이 사는 육지 위로는 날지 못하고 바다 위로만 날아야 했다. 이런 이유로 콩코드 개발과 생산을 중단해야 한다는 목소리가 높았다. 하지만 영국과 프랑스는 그동안 들어간 개발비가 너무 막대하다는 이유를 내세워 개발과 생산을 멈추지 않았다.

1976년부터 콩코드는 대서양 위에서만 운항되었다. 연료비가 많이 드는데도 항로가 적어서 운항할수록 적자가 심해졌다. 결국 적자를 견디지 못하고 콩코드는 2003년에 운행을 중단할 수밖에 없었다.

콩코드의 예처럼 이미 들어간 비용, 다시 말해 다 써 버려서 회수할 수 없는 비용을 '매몰 비용'이라고 한다. 얻는 것보다 잃는 것이 더 많은데도 매몰 비용이 아까워서 계속해서 헛된 비용을 쓰는 것을 **'매몰 비용의 오류'**라고 한다.

재미없는 영화를 보면서 시간과 비용을 낭비하는 정도야 개인 차원의 일이니까 손해가 심각하다고 할 수 없다. 하지만 회사나 국가 차원에서 매몰 비용의 오류에 빠지면 그 피해는 심각해진다. 매몰 비용의 오류는 특히 국가 정책에서 많이 볼 수 있다. 국가에서 전쟁을 치른다거나 대규모 사업을 벌이면 막대한 비용, 시간, 인력이 투입된다. 전쟁이나 사업으로 얻는 것보다 잃는 것이 더 많은 게 분명한데도 정책 입안자들은 전쟁과 사업을 계속해서 벌이는 경우가 많다. 잘못된 정책을 입안했다는 것을 인정하기 싫어서 그러는 것이다.

베트남 전쟁과 이라크 전쟁같이 큰 전쟁을 여러 차례 치른 미국 정부가 그 대표적인 예이다. 명분도 없는 전쟁을 치르느라 천문학적인 비용을 썼고, 아까운 젊은이들의 목숨이 바쳐졌다. 젊은이들의 목숨만큼 큰 비용은 없을 것이다. 그러나 미국의 정치가들은 매몰 비용이 아깝다는 핑계를 대며 의미도 알 수 없는 전쟁을 오래도록 계속했다. 전 세계의 수많은 지식인, 젊은이들, 시민들이 전쟁 반대를 외쳤는데도 미국 정부는 전쟁을 그만두지 않았다. 전쟁을 그만두면 자기 잘못을 인정해야 했으니까. 그러면서 '지금까지 전사한 군인들의 목숨을 헛되이 하지 않기 위해서'라는 이상하고 희한한 핑계를 대면서 전쟁을 계속했다.

매몰 비용의 오류에 빠지지 않는 방법은 없다. 빠지기 전까지는 오류가 아니기 때문이다. 매몰 비용의 오류에 빠졌다고 생각하는 순간, 자기의 오류를 인정하고 손실을 받아들여야 한다. 그리고 그곳에서 빨리 빠져 나오는 것이 가장 현명한 방법이다.

4대강 사업과 매몰 비용

이명박 전 대통령은 재임 기간에 야당과 시민 단체의 강력한 반대에도 불구하고 4대강(한강, 낙동강, 금강, 영산강) 사업을 벌였다. 강 밑바닥을 더 파내고 보를 쌓아 가뭄과 홍수 문제를 해결하고, 생태계를 살리겠다는 것이 사업의 큰 목적이었다.

그런데 4년 동안 22조 원이나 들여서 쌓은 수십 개의 보가 정작 가뭄에

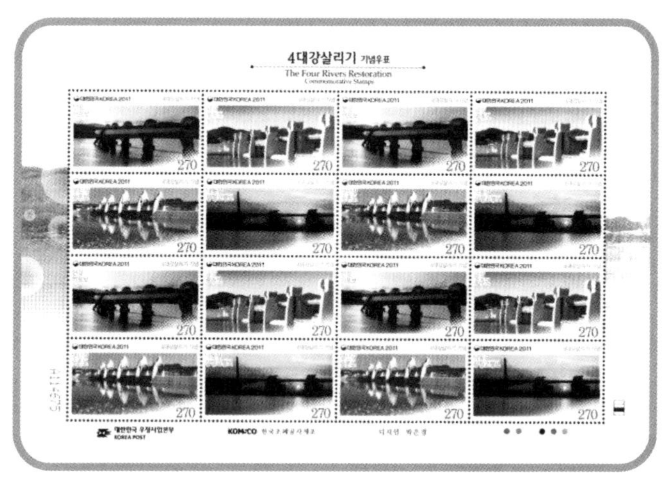

* 4대강 살리기 기념우표

는 아무 힘을 발휘하지 못했다. 보 자체도 튼튼하지 못하고 물은 더 더럽혀졌다. 강 여기저기에 녹조가 끼어서 '녹조 라떼'라는 괴상한 용어도 생겼고, 생태계 파괴도 심각했다. 게다가 보를 비롯한 시설물을 관리하는 데 해마다 6,000억 원가량의 비용이 들어갔다.

이로움보다 해악이 더 크니, 보를 무너뜨리고 아까운 22조 원은 매몰 비용으로 치고 포기하자는 주장이 힘을 얻었다. 물론, 22조 원을 매몰 비용으로 처리하기에는 너무 아까우니 보를 어떻게든 유지하자는 사람들도 있었다.

하지만 4대강 사업이 아무런 효과도 내지 못할 것이라고 예상되었다면 아무리 많은 비용이 들어갔더라도 이 사업을 중단했어야 한다. 이것이 매몰 비용의 오류에 빠지지 않는 방법이다. 그때까지 들인 비용이 아깝다고 사업을 계속 진행한다면 아까운 세금을 더 낭비하는 셈이다. 이미 들어간 비용은 매몰 비용이라고 인정하고 앞으로 들어갈 세금을 더 아까워하는 것이 합리적인 태도이다.

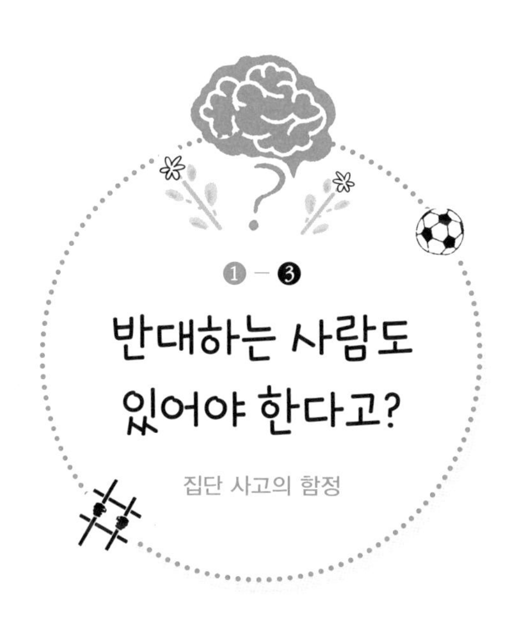

1 – 3

반대하는 사람도 있어야 한다고?

집단 사고의 함정

국무총리 후보자에 대한 인사 청문회가 계속되던 어느 날, 벤처 기업을 운영하고 있는 이 사장이 상담소를 찾아왔다. 이 사장은 소파에 털썩 주저앉더니 한참 동안 아무 말 없이 텔레비전을 지켜보았다. 방통이 진한 크레올 커피 한 잔을 이 사장 앞에 내려놓았다. 이 사장이 커피 한 모금을 마시더니 인상을 썼다. 커피맛이 써서 그런 게 아니었다.

"청문회만 보면 짜증이 올라와요."

신통이 이 사장 앞에 걸터앉으며 궁금하다는 듯 물었다.

"어느 당을 지지하든 짜증이 나는 건 맞지만 특별한 이유라도 있으신가요?"

"어차피 국무총리 시킬 거면서 뭘 그리 이것저것 따지는지!"

"국무총리면 아주 중요한 자리인데 따질 건 따져야 하지 않겠어요?"

신통의 말을 들은 이 사장은 리모컨의 전원 버튼을 눌러 텔레비전을 꺼 버렸다.

"소장님, 국무총리 자리가 공석이 된 지 벌써 석 달이나 지났어요. 처리해야 할 나랏일이 산더미인데 저렇게 시간만 끌고 있어야 해요? 우리 회사도 두 달 후에 진흥원에 시제품을 제출해야 하거든요. 그런데 반대하는 사람들 때문에 아주 진도가 안 나간다니까요. 미치겠어요, 정말!"

이 사장이 흥분해서 이야기했다. 자세히 듣고 보니, 중학생 영어 공부를 도와주는 앱을 개발 중인데, 게임화하는 과정에서 내부 의견이 통일이 안 돼 시제품 개발이 늦어지고 있다는 것이었다. 시제품이 콘텐츠진흥원이라는 정부 기관에서 통과되어야만 지원을 받을 수 있다고 했다. 지원을 받지 못하면 자금 부족으로 사업 자체를 할 수 없게 된다니 큰일은 큰일이었다.

"마음이 많이 급하시겠군요. 그래도 반대하는 사람이 있어야 좋은 결과가 나오지 않을까요? 반대 의견을 수렴하는 과정에서……."

이 사장이 신통의 말을 잘랐다.

"아니죠. 한 팀이면 일사불란하게 움직여야죠. 같은 팀끼리 의견이 나뉘면 일이 제대로 안 돼요. 저는 팀에서 제일 중요한 게 단결이라고 생각해요. 내가 사업을 처음 시작했을 때는 세 명이서 똘똘 뭉쳐서 며칠씩 밤을 새도 피곤한 줄도 모르고 일했었는데……. 지금은 그놈의 회의하느라 일을 못 한다니까요."

"팀원들끼리 단결이 잘 안 된다고 생각하시네요? 회의가 어떤 식으로 진행되는데 그러세요?"

"개발팀원이 모두 일곱 명이에요. 프로그래머 2명, 콘텐츠 담당자 2명, 교육 담당자 2명, 디자이너 1명. 나까지 회의에 참석하면 8명이 회의를 하게 되지요. 그런데 교육 담당자 2명이 회의 때마다 사사건건 시비를 걸고 나서는 거예요. 그렇게 만들면 아이들이 이해를 못 한다, 콘텐츠의 단계별 난이도가 어떻다 등등 딴지가 말도 못 할 정도예요. 요구하는 것도 얼마나 많은지……. 캐릭터를 더 움직여 달라느니 뭐니 교육 담당자의 요구를 다 들어 주려면 개발 시간도 많이 걸리고 비용도 더 많이 드는데 막무가내예요. 그렇게 하지 않으면 앱 프로그램으로 질이 떨어진다느니, 경쟁력이 없다느니, 정말 머리 아파요."

이 사장은 말을 하면서도 답답한지 '휴' 하고 한숨을 내쉬었다. 그런데 신통이 씩 웃으며 말했다.

"사장님은 아주 좋은 팀원들을 두신 거 같네요."

"뭐라고요?"

"혹시 쿠바의 피그스만 침공 사건이라고 들어 보셨나요?"

"들어 본 것 같기도 하고……. 미국이 일으킨 사건인가요?"

"네. 존 F. 케네디 대통령 때, 미국이 쿠바를 침공한 사건이에요. 쿠바를 공격해서 사회주의 정권이었던 카스트로 정권을 무너뜨리려 한 사건이었지요. 쿠바 침공은 전임 대통령인 아이젠하워 때, CIA가 계획한 것이었대요. 그것을 케네디 정부가 아무 비판 없이 수용한 거죠. 1961년 4월 15일, 대통령이 된 지 3개월밖에 안 된 케네디 대통령은 쿠바 침공을 허락하고 말아요. 서둘러서 뭔가 큰 업적을 남기고 싶었던 모양이에요."

이 사장이 크게 고개를 끄덕끄덕했다. 자기가 케네디의 심정을 잘 안다는 듯이.

"누구나 리더가 되면 업적을 세워서 아랫사람들로부터 인정을 받고 싶어 하니까요."

"역사학자 슐레진저와 상원의원 펄브라이트가 무모한 계획이라며 반대했어요. 하지만 케네디의 참모들은 반대 의견을 묵살해 버렸어요. 케네디 대통령의 동생이자 법무부 장관인 로버트 케네디는 슐레진저를 따로 불러 이렇게 말했답니다. '당신 생각이 맞을 수도 있고 틀릴 수도 있지만, 대통령은 이미 결심했습니다. 지금은 대통령을 돕기 위해 모두 힘을 모아야 할 때입니다.'"

"나도 그렇게 말해 주는 부하 직원이 있으면 참 좋겠네요."

"하하, 제 얘기 더 들어 보세요. 케네디의 참모들은 쿠바 침공이 사회주의와 맞서 싸우는 매우 정당한 싸움이라고 믿었어요. 똘똘 뭉쳐서 쿠바의 공군은 무력하고 육군은 나약하기 때문에 미국이 침공하면 내부에서 반란이 일어나 카스트로는 금세 쓰러질 것이라는 말만 되풀이했지요."

이 사장은 쓴 커피를 한 모금 더 마시며 뒷얘기에 귀를 기울였다.

"낙관주의에 빠진 참모들은 상륙 지점인 피그스만에 쿠바의 경비 병력이 적은 이유를 깊이 생각하지 않았어요. 피그스만은 늪지대여서 상륙 작전을 펼 수 있는 곳이 아니었어요. 허리까지 빠지는 곳이었는데 그 누구도 그것에 의문을 가지지 않았고, 확인도 하지 않았죠."

"그래서 어떻게 됐어요?

"쿠바 침공 작전은 대실패로 끝났어요. 100명이 넘는 사람이 숨졌고 체포된 사람만 1,000명이 넘었어요. 미국은 자신들이 공격하면 쿠바 국민들이 들고일어날 것이라고 믿었지만, 쿠바는 조용했어요. 쿠바 국민들은 카스트로를 믿고 따랐거든요. 포로를 되찾아오기 위해 미국은 포로 한 명당 경운기 한 대씩을 쿠바에

줘야 했다는군요."

"참패한 거네요. 케네디 대통령도 망신살이 뻗쳤겠어요."

이 사장은 자기가 망신을 당한 것처럼 몸을 떨었다.

"아니, 그 똑똑한 사람들이 모여서 그런 바보 같은 짓을 했단 말이에요? CIA의 분석이 잘못된 거 아니에요?"

"맞아요. 전쟁을 치르기 위한 준비도 철저히 되지 않은 상황에서 침공을 결정한 거지요. 재니스라는 학자가 조사를 했어요. 그렇게 똑똑한 사람들이 모여서 이런 엉터리 작전을 지시한 것에 대해서요. 재니스 교수는 쿠바 침공 실패가 바로 집단 사고 때문이라고 발표했답니다."

"집단 사고요?"

"네. 우리는 어떤 중요한 일을 결정하려고 할 때, 여러 사람이 모여서 회의를 하면 더욱 현명한 결과를 가져온다고 믿습니다. 이것을 '집단 사고'라고 하죠. 집단 사고란 말이 부정적인 의미를 가지지만 일상적으로는 부정적인 의미가 느껴지지 않기 때문에 저는 우리말로 '집단 사고의 함정'이라고 부르고 있습니다. 이런 경우 구성원들은 성향이 비슷한 사람들로 구성되어 있어요. 대개 비슷비슷한 학교를 나와서 비슷비슷한 경험을 한 사람들이지요. 그러니 회의 구성원들의 생각이나 신념도 비슷할 수밖에 없어요. 회의를 하면 일사천리로 이루어질 수밖에 없죠. 사장님이 말씀하신

대로 일사분란하게 회의가 끝날 때가 많지요. 단결력이 강한 집단일수록 만장일치로 회의가 끝나기를 바라기 때문에 반대 의견을 낸 사람은 배신자라는 낙인이 찍힐 수도 있어요. 그래서 반대 의견을 내기가 쉽지 않죠."

"저도 반대 의견을 내는 사람을 보면 그런 생각을 해요."

"쿠바 침공 계획에 아주 소극적으로 반대했던 슐레진저도 나중에야 이렇게 말했답니다. '내가 할 수 있는 유일한 변명은 당시의 토론 분위기 때문에 소극적인 질문 몇 가지를 제기하는 것 외에 그 터무니없는 계획에 반대 의견을 적극적으로 말하지 못했다.' 케네디의 참모들이 집단 사고의 함정에 빠지지 않았더라면, 반대 의견을 묵살하지 않고 침공 계획의 타당성을 좀 더 따져 보았다면, 그런 어처구니없는 일은 발생하지 않았을 거예요."

이 사장이 깊이 숨을 내쉬며 고개를 끄덕끄덕했다.

"무슨 말씀인지 잘 알겠습니다. 집단 사고의 함정에 빠지지 않으려면 반대 의견을 무시하지 말아야겠군요. 내가 좋은 팀원을 두었다고 하신 것도 반대 의견을 내는 사람이 있기 때문이죠? 그런데 아예 반대 의견이 없는 것도 좋은 거 아닙니까?"

"아니에요. 아까도 말씀드렸듯이 한 팀이란 비슷한 사람들로 이루어지는 경우가 많습니다. 그래서 반대 의견이 없는 경우가 많아요. 그럴 때는 일부러 반대 의견만 내는 사람을 두는 것도 한 가지 방법입니다. 모두가 찬성할 때 반대 의견을 제시하면서 토론을 활성화시키거나 또 다른 대안이 있는지를 모색하도록 하는 역할을 담당하게 하는 것이지요."

"나는 지금까지 반대 의견이 없는 게 좋다고 생각했어요. 반대가 없을수록 훌륭한 제안이라고 봤었는데……. 앞으로는 반대 의견에 귀를 기울여야겠네요."

이 사장이 한결 밝아진 표정으로 자리에서 일어났다. 그러고는 힘차게 신통을 향해 오른손을 내밀었다. 신통이 그 손을 마주 잡았다. 그러고는 소리를 질렀다.

"아야얏!"

집단 사고의 함정

우리는 무언가 중요한 일을 결정할 때 회의를 한다. 한 사람의 생각보다 여러 사람의 생각이 더 현명하고 합리적이라고 믿기 때문이다. 이처럼 '전문가들의 회의를 통해 이루어진 결정은 신뢰도가 더 높다고 생각하는 것'을 '집단 사고'라고 한다. 그런데 집단 사고로 얻은 결정은 과연 언제나 무조건 옳을까?

재니스라는 심리학자는 그렇지 않다고 보았다. 단결력이 강하고 성향이 비슷한 집단의 구성원들은 어떤 판단을 내릴 때 만장일치를 이루고 싶어 한다. 이런 집단 사고는 그 집단이 제아무리 뛰어난 전문가들로 이루어졌다 하더라도, 비합리적이고 때로는 비인간적인 행동을 하게 만든다. 재니스는 피그스만 침공 사건을 비롯해 미국 역사에서 대실패로 끝난 몇몇 전쟁을 그 예로 들었다.

제2차 세계 대전 중에 일본군이 진주만 해군 기지를 공습할 것이라는 정보가 여러 차례 있었다. 하지만 미국의 태평양 함대 사령부는 그 정보를 완전히 무시하고, 아무런 대비를 하지 않았다. 얼마 후 일본군이 진주만을 기습 공격해 왔고, 한나절도 되지 않아 태평양 함대는 박살이 났다. 정박해 있던 미국 전함 7척 가운데 5척이 격침되고, 200여 대의 항공기가 지상에서 파괴되었다.

1964년부터 1967년 사이에 미국의 존슨 대통령은 베트남 전쟁을 전면전으로 확대했다. 전쟁에 승산이 없다는 보고서들이 있었지만, 전문가 집단은 이 의견을 받아들이지 않았다. 미국은 북베트남에 약 100만 톤에 이르는 폭탄을 퍼부었으며, 약 55만 명에 이르는 지상군을 파병했다. 그러나 결과는 미국의 참패였다.

집단 사고를 막으려면 그 집단 내에서 다양한 의견을 내놓을 수 있는 분위기를 만들어야 한다. 일부러 반대 의견만 말하는 역할을 맡은 구성원을 두는 것도 좋은 방법이다. 무엇보다 구성원이 서로 비슷한 사람이 아닌 다양한 사람으로 이루어지는 것이 좋다. 제2차 세계 대전 중에 독일의 악명 높았던 에니그마 암호를 해독한 집단이 그 예이다. 암호 해독 전문가들로만 이루어진 미국군은 암호 해독을 하지 못했다. 반면, 여러 분야의 전문가로 이루어진 영국군은 에니그마 암호를 해독했다. 영국군의 암호 해독 팀은 작가, 언어학자, 이집트학자, 고대 그리스 로마 연구가, 윤리학자, 브리지 선수, 고서적상 등 여러 분야의 사람들로 이루어진 잡다하고 흥미로운 집단이었다.

악마의 변호사가 된 〈데블스 에드버킷〉

테일러 핵포드 감독의 영화 〈데블스 에드버킷〉에서 변호사 케빈(키아누

리브스)은 초보 변호사지만 매우 능력 있는 변호사다. 케빈의 능력을 주목한 투자 회사 사장 존 밀턴(알 파치노)은 케빈에게 파격적인 조건을 제시하며 스카웃한다. 그러나 얼마 후, 케빈은 자기가 '데블스 에드버킷', 즉 악마의 대변인이 됐음을 깨닫는다. 원래 데블스 에드버킷이란 가톨릭교회에서 나온 말이다. 가톨릭교회에서는 어떤 사람을 성인으로 추대할 때 그 후보자에 대해 엄격한 심사를 거친다. 이 심사에서는 여러 가지 근거를 대며 그 후보자가 성인이 될 수 없는 이유를 집요하게 들이대는 역할을 하는 사람을 따로 둔다. 선의의 비판자 노릇을 하게 하는 것인데, 이 사람을 데블스 에드버킷이라고 부른다.

* 영화 〈데블스 에드버킷〉의 포스터

중요한 결정을 내리기 위해 집단 토론을 할 때, 데블스 에드버킷을 두어 제출된 안건에 대해 고의적으로 단점과 약점을 지적하게 하면, 약점을 보완하고 여러 돌발 상황에 대한 대응 방안을 마련할 수 있다. 집단 사고의 함정을 막는 매우 좋은 방식이다.

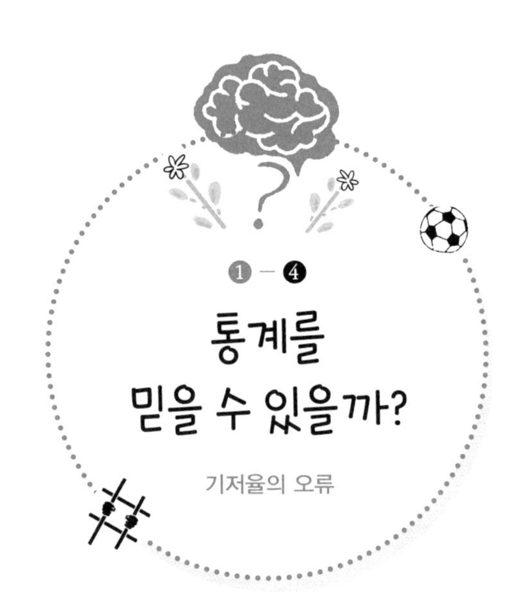

1-4

통계를 믿을 수 있을까?

기저율의 오류

오늘은 심통 클럽이 있는 날. 신통과 방통이 교실에 들어섰는데도 아이들이 모여 동영상을 보고 있었다.

"안녕, 얘들아!"

"뭘 그리 재미있게 보고 있니? 나도 좀 보자."

방통이 넉살 좋게 아이들 틈을 비집고 들어갔다. 민서가 휴대폰으로 아이들에게 뭔가를 보여 주고 있었다.

"아, 미국의 텔레비전 게임 쇼인데요, 〈거래를 합시다〉라는 프로예요."

"그거 재밌겠다. 어떤 게임을 하는 중이야?"

신통도 자리를 잡고 앉으면서 아이들에게 물었다. 민서가 휴대폰을 내려놓고 설명을 시작했다. 아이들도 각자 자리에 앉았다.

"스튜디오에는 세 개의 문이 있어요. 두 개의 문 뒤에는 염소가 있고, 하나의 문 뒤에는 자동차가 있어요. 문 뒤에 뭐가 있는지는 진행자만 알고 아무도 몰라요. 진행자가 게임 쇼에 참가한 사람에게 세 개의 문 가운데 하나를 선택하라고 말해요. 참가자가 하나의 문을 선택하면, 그 문 뒤에 있는 것이 무엇이든 상품으로 가져가는 거예요."

"아, 몬티 홀 문제구나."

신통이 아는 체를 하자, 민서가 반갑게 말했다.

"아, 선생님도 아세요? 이 게임 쇼의 진행자 이름이 몬티 홀이에요."

"아, 잘난 체 그만하고, 좀 더 자세히 말해 봐."

성질 급한 뚱이가 재촉했다. 민서가 뚱이를 흘겨보며 설명을 이어 갔다.

"참가자가 문 하나를 골라. 예를 들어 1번 문을 선택했다고 치자. 그럼 진행자는 염소가 있는 3번 문을 열어서 문 뒤에 염소가 있다는 것을 보여 줘. 진행자는 염소가 어디에 있는지 아니까. 그러고는 참가자에게 1번 대신 2번으로 선택을 바꾸겠느냐고 물어 봐. 아주 얄미운 표정을 지으면서 말이야. 몬티 홀 문제는 바로 이 거야. 참가자가 자동차를 갖고 싶다면, 원래 선택했던 번호를 바꾸는 것이 유리할까, 바꾸지 않는 것이 유리할까? 아니면 아무 상관이 없을까?"

아이들이 모두 고개를 갸우뚱했다. 신통이 아이들의 반응을 흥미진진한 표정으로 살폈다. 이번에도 성질 급한 뚱이가 맨 먼저 나섰다.

"바꾸지 말아야지."

"왜?"

"시험 볼 때도 1번 아니면 3번인데, 잘 모를 때에는 그냥 놔두는 게 낫잖아. 막판에 답을 고치고 나면 꼭 원래 찍었던 게 답이더라고."

"하하하!"

아이들이 한꺼번에 웃었다.

"뚱이답다, 뚱이다워!"

골똘히 생각하고 있던 똘이가 그럴듯한 분석을 내놓았다.

"닫혀 있는 문은 1번과 2번 둘뿐이잖아. 그러니까 1번 문 뒤에 자동차가 있을 확률이나 2번 문 뒤에 있을 확률이나 똑같이 1/2이야. 내 생각에는 바꾸든 안 바꾸든 마찬가지일 거 같아."

“뭐야, 결국 똥이랑 같은 답이잖아. 안 바꾼다는 거 아냐?”

용이가 핀잔을 주자, 똘이가 경고하는 듯 주먹을 불끈 쥐어 보였다.

“나는 바꾸는 게 나을 거 같아.”

수학을 잘하는 민서가 말하자 모두 귀를 기울였다. 신통도 민서가 어떤 설명을 내놓을지 궁금한 표정이었다. 민서는 화이트보드 앞으로 가더니 표를 그렸다.

자동차가 있는 문	참가자가 선택한 문	몬티 홀이 여는 문	참가자가 바꾼 문	선택을 바꾼 결과
1	1	2 또는 3	3 또는 2	염소
1	2	3	1	자동차
1	3	2	1	자동차
2	1	3	2	자동차
2	2	1 또는 3	3 또는 1	염소
2	3	1	2	자동차
3	1	2	3	자동차
3	2	1	3	자동차
3	3	1 또는 2	2 또는 1	염소

"이 표는 참가자가 선택을 바꿨다고 가정했을 때 나타날 수 있는 모든 경우의 수를 쓴 거야. 모두 아홉 가지지. 그런데 결과를 보면 선택을 바꾸었을 때, 자동차를 받을 확률은 6/9, 즉 2/3야. 염소를 받을 확률은 3/9, 즉 1/3이지. 다시 말해 선택을 바꾸었을 때 자동차를 받을 확률이 더 높아진다는 거지. 자동차를 받을 확률이 2/3가 되니까 선택을 바꾸는 게 더 유리해."

아이들 절반은 고개를 끄덕이고 절반은 고개를 갸우뚱했다. 뚱이가 고개를 설레설레 저었다.

"뭐가 이렇게 복잡해? 나는 답만 외울래. 이럴 경우, 그냥 바꾸면 된다, 이거잖아!"

뚱이의 대답에 다시 한 번 아이들이 웃었다. 민서가 씩 웃으면서 말했다.

"설명을 위해서 모든 경우의 수를 따져 봤지. 하지만 더 간단한 방법이 있어."

"뭔지 알 거 같은데."

전교 1등 훈이가 말했다.

"이렇게 생각하면 간단할 거 같아. 처음 선택한 문에 자동차가 있을 확률이 1/3이고, 다른 두 개의 문에 있을 확률은 2/3잖아. 그런데 그 두 개의 문 가운데 자동차가 없는 문 하나를 열었으니까, 나머지 문에 자동차가 있을 확률은 고스란히 2/3일 수밖에 없지,

안 그래?"

민서만 빼고 아이들 모두가 눈을 크게 떴다. 신통이 박수를 치며, 슬쩍 끼어들었다.

"훈이가 간단하면서도 아주 명쾌하게 설명했네. 너희들이 헷갈려하는 것도 무리가 아니야. 이 게임 쇼가 나가는 동안 많은 사람이 선택을 바꾸는 것이 유리하다, 그렇지 않다 하고 논쟁을 벌였어. 1975년에 셀빈이라는 통계학자가 민서처럼 표를 그려 가면서 선택을 바꾸는 것이 유리하다고 답을 했어. 하지만 사람들이 셀빈에게 그 풀이가 틀렸다고 주장하는 편지를 많이 보냈대. 25년이 지난 1990년에 『퍼레이드』라는 잡지에 이 문제가 재등장하면서 몬티 홀 문제는 다시 논란의 중심에 서게 되었지. 어떤 독자가 '메릴린에게 물어보세요!'라는 코너에 같은 문제를 물어보았어. 칼럼니스트인 메릴린 보스 사반트는 바꾸는 것이 자동차 받을 확률을 두 배로 높여 준다며 셀빈의 풀이가 맞다고 대답했지. 메릴린은 최고의 IQ 소지자로 기네스북에 올랐던 사람이야. 칼럼이 나가자 메릴린도 수많은 독자들로부터 항의 편지를 받았어. 그 중에는 수학자들도 많았대. 심지어는 CIA에서도 토론을 벌였고, MIT의 수학과 교수들, 국립 연구소의 컴퓨터 프로그래머들까지 몬티 홀 문제를 두고 설전을 벌였어. 물론 대개는 선택을 바꾸든 안 바꾸든 확률은 1/2로 똑같다는 거였지."

“어느 쪽이 맞는 거예요?”

“선택을 바꾸는 것이 유리하지. 나중에 수학자들이 조건부 확률이라는 것을 구함으로써 이 문제를 해결했어. 어쨌든 몬티 홀 문제의 해답은 우리의 직관과 다르기 때문에 많은 논란이 된 거라고 생각해. 확률 이야기가 나왔으니까 오늘은 확률 이야기를 좀 더 해 볼까? 내가 문제 하나를 낼게.”

“또 무슨 문젠데요?”

아이들이 투덜거렸지만, 싫지는 않은 눈치였다.

“안경을 끼고 호리호리한 체격의 홍길동이라는 남자는 모차르트의 음악을 즐겨 들어. 홍길동의 직업은 택시 운전사, 국립 대학교 국문학 교수 중 무엇일까?”

아이들이 눈을 치켜뜨며 이리저리 따져 보았다.

“택시 운전사라고 생각하는 사람?”

신통이 묻자, 10명의 아이들 가운데 2명이 손을 들었다.

“그럼 나머지는 대학 교수라고 생각하는 거니? 이유가 뭐지?”

“택시 운전사가 모차르트 음악을 듣는다는 게 상상이 잘 안 돼서요.”

“고전 음악은 지적인 사람이 들을 거 같거든요.”

“보통은 그렇게 생각하지. 그럼 이렇게 한번 생각해 볼까? 택시 운전사와 국립 대학교 국문학 교수 중에 어느 쪽 수가 더 많을까?”

"택시 운전사요."

"얼마나 많을까?"

"글쎄요. 한 10배?"

똘이가 대답하자, 용이가 고개를 저었다.

"국립 대학교가 100개쯤 된다면 국문학 교수는 많아야 1,000명쯤 될 거 같은데……. 택시 운전사가 10,000명밖에 안 될까?"

아이들이 전혀 모르겠다는 표정을 짓자, 신통이 정리했다.

"우리나라에 택시 운전사가 30만 명 가까이 된다고 들은 적이 있어. 그렇게 보면 택시 운전사가 국립 대학교 국문학 교수보다 300배 많은 거지. 그러니까 모차르트 음악을 즐겨 듣는 남자는 확률로 따져 보면, 택시 운전사일 가능성이 높지. 대학 교수 가운데도 모차르트 음악을 싫어하는 사람이 있을 테고, 택시 운전사 가운데도 모차르트 음악을 좋아하는 사람이 있을 수 있잖아. 그냥 확률로만 생각해야 하는데 사람들은 대개 모차르트를 듣는 사람이라면 대학 교수일 가능성이 높다고 생각해. 간단한 확률 문제인데, 왜 이렇게 답을 할까?"

"모차르트 음악을 좋아한다는 정보를 들으니까 교수일 것이라고 판단하는 거 같아요."

"그렇지? 어떤 사람에 대해 조금이라도 상세한 정보가 주어지니까 오히려 객관적인 확률을 보지 못하게 되는 생각의 오류를

'기저율의 오류'라고 해. 기본 비율을 무시하는 거지. 사람들은 특정 정보가 주어지면 그것으로 판단하고 기저율을 무시하기 때문에 종종 잘못된 판단을 내리게 돼. 일반 사람들뿐만 아니라 전문가라고 할 수 있는 저널리스트나 경제학자들도 이런 오류에 빠지곤 한단다."

아이들이 '기저율의 오류'라고 따라서 발음해 보는 것을 보고 신통이 말을 이었다.

"이번에는 좀 더 복잡한 문제를 내 볼게."

아이들의 눈빛이 반짝였다. 두세 명의 아이들은 적을 준비도 했다.

"어느 날 저녁, 택시 한 대가 보행자를 치고 달아났다고 가정해 보자. 한 목격자가 뺑소니 택시는 파란색 택시였다고 말했어. 그런데 그 도시에서 영업 중인 택시는 녹색이 85퍼센트, 파란색이 15퍼센트였어. 목격자의 시력은 좋은 편이었지만, 믿을 만한지 실험도 했지. 저물어 가는 석양 속에서 실험해 본 결과, 택시 색깔을 80퍼센트 확률로 정확히 알아맞혔어. 그렇다면 목격자 말대로 사고 차량이 파란색 택시였을 가능성은 얼마나 될까?"

아이들은 공책에 열심히 숫자를 써 가며 생각에 잠겼다. 기저율에 대한 이야기를 들어서 직관으로 대답하는 아이는 아무도 없었다. 뚱이가 역시 맨 먼저 입을 열었다.

"80퍼센트가 아니라는 것은 알겠는데요, 너무 복잡해요. 어떻게 계산해야 할지 모르겠어요."

"그래, 조금 복잡하지?"

"목격자는 파란색이라고 했는데, 이 답이 실제로 맞을 확률을 계산해야 하잖아요? 다른 방식으로 생각해야 하는데, 잘 모르겠어요."

똘이도 뒤통수를 긁었다.

"몬티 홀 문제처럼 경우의 수를 따져 보면 풀리지 않을까?"

이번에는 용이가 나섰다.

"이 문제에서는 시내에서 영업 중인 택시의 비율을 중요하게 생각해야 할 것 같아요. 그리고 각각의 경우에 목격자가 맞을 확률과 틀릴 확률을 계산해 보면 알 수 있을 거 같아요."

용이는 화이트보드에 표를 그린 다음, 채워 나가면서 자기 생각을 말했다.

"운행하는 파란색 택시가 15퍼센트니까, 목격자가 파란색 택시를 파란색으로 정확히 보았을 확률은 12퍼센트(15% × 80%)이고, 녹색으로 잘못 보았을 확률은 3퍼센트(15% × 20%)예요. 그리고 녹색 택시가 85퍼센트니까, 녹색 택시를 녹색으로 정확히 보았을 확률은 68퍼센트(85% × 80%)이고 파란색으로 잘못 보았을 확률은 17퍼센트(85% × 20%)지요. 목격자가 파란색이라고 말한

	파란색 택시 15%	녹색 택시 85%
맞을 확률 80%	12%	68%
틀릴 확률 20%	3%	17%

29퍼센트(12% + 17%)의 택시 가운데, 실제로 사고 차량이 파란색 택시인 경우는 약 41.4퍼센트(12%÷29%)지요."

"와, 대단하다!"

아이들이 박수를 쳤다. 신통도 감탄했다.

"아주 잘했어. 용이가 기저율을 무시하지 않고 확률적으로 정확한 답을 했네."

용이의 얼굴에 미소가 번졌다. 신통이 화이트보드를 지우면서 말했다.

"이렇게 직관적으로 생각할 때와 실제 확률적인 결과가 다를 때가 많아. 그래서 이성적인 판단을 해야 할 때는 늘 기저율을 고려해야 한단다. 그럼 서울대학교 논술 시험 문제를 한번 풀어 볼까?"

아이들이 "으악!" 하고 머리를 쥐어뜯었다.

기저율의 오류

심리학자 대니얼 카너먼과 아모스 트버스키는 뺑소니 택시 문제와 비슷한 실험을 했다. 엔지니어 70명과 법률가 30명으로 구성된 모집단에서 한 사람을 무작위로 뽑았다. 그리고 이 사람은 남자이고, 수학적 능력이 뛰어나며, 전자 장치 다루는 것이 취미라고 설명했다. 두 심리학자는 사람들에게 이 남자의 직업이 엔지니어와 법률가 중에 어느 쪽일 것 같은지를 물었다. 엔지니어라고 대답하는 사람들이 압도적으로 많았다. 100명 중 엔지니어가 70명이었기 때문에 맞는 답인 것 같았다.

이번에는 모집단의 비율을 바꿔서 엔지니어 30명과 법률가 70명으로 구성되어 있다고 말했다. 그러고서 수학적 능력이 뛰어나고, 전자 장치 다루는 것이 취미인 남자의 직업은 엔지니어와 법률가 중에 어느 쪽일 것 같으냐고 물었다. 이번에도 엔지니어라고 대답하는 사람들이 많았다. 사람들은 모집단의 70퍼센트가 법률가로 구성되어 있다는 사실에는 별로 신경 쓰지 않았다. 사람들이 생각하기에 이 남자에 대한 설명은 엔지니어에 가까웠기 때문에 그의 직업이 엔지니어라고 추측한 것이다.

이처럼 불확실한 상황에서 뭔가를 판단해야 할 경우, 눈앞에 있는 사실에 초점을 맞추고 더 광범위한 모집단의 구성을 간과하는 경향을 '기저율의 오류'

라고 한다. 다시 말해 사람들은 기본 비율을 무시하고 대표적인 몇몇 특성만 보고 통계적 확률과 상반되는 판단을 내리는 경향이 있다는 것이다.

택시 색깔을 맞히거나 누군가의 직업을 추측하는 문제는 기저율의 오류를 범해 판단이 틀린다 해도 심각한 문제로 이어지지 않는다. 하지만 기저율의 오류가 병원에서 일어난다면 심각한 사태가 일어날 수 있다.

예를 들어, 발병할 확률이 0.1퍼센트인 질병이 있다고 하자. 이 질병을 진단하는 테스트가 있는데, 병이 없는 사람에게 병이 있다고 판정을 내릴 확률이 5퍼센트다. 어떤 사람이 이 테스트를 받았는데, 질병에 걸렸다고 판정을 받았다. 이 사람이 실제로 질병에 걸렸을 가능성은 얼마나 될까?

심리학자들이 하버드 대학교 의대 학생과 교직원들에게 이 문제를 냈더니, 절반 가까이가 병에 걸렸을 확률이 95퍼센트라고 답했다. 테스트가 오진할 확률이 5퍼센트이기 때문에 질병에 걸렸을 가능성은 95퍼센트라는 것이다. 하지만 하버드 학생들은 이 질병의 발병률이 0.1퍼센트라는 기저율을 무시했다.

이 테스트를 100만 명이 받는다고 하면 감염자는 0.1퍼센트, 즉 1,000명이다. 테스트의 신뢰도는 95퍼센트이므로 실제 감염자 1,000명 중 950명이 양성 판정을 받는다. 그리고 100만 명 중 감염되지 않은 99만 9,000명 중 5퍼센트인 4만 9,950명은 실수로 양성 판정을 받을 수 있다는 의미다.

그러면 양성 판정을 받게 되는 사람은 950명 + 4만 9,950명 = 5만 900명이 된다. 이 가운데 실제로 감염되어 양성 판정을 받는 사람은 950명이기 때문에, 이것을 양성 판정을 받은 사람으로 나누면 950/50900≒0.0187이다. 다시 말해 1.9퍼센트 정도의 양성 판정만이 정확한 진단이고 양성 판정을 받은 사람 가운데 98퍼센트 이상은 사실 건강한 사람이라는 뜻이다. 건강한 사람이 기저율의 오류 때문에 암이나 백혈병 같은 중병이라고 진단을 받는다면 끔찍한 일이다.

미국의 다른 상위권 대학에 이 질문을 했을 때 60명 가운데 11명만이 정답을 말했다고 한다. 2008년도 서울대학교 논술 시험에서도 이 문제를 다루었다. 질병을 진단할 때 기저율을 무시하고 무작정 양성 판정을 내리지 않기를 바랄 뿐이다.

남녀 차별 논쟁을 불러온 심프슨의 역설

1973년 미국의 명문대인 UC버클리 대학원에 지원한 학생들의 성별 합격률이 발표되었다. 그러자 미국의 여성 단체들은 입학 허가 과정에서 남녀 차별이 있었다며 강력하게 항의하고 나섰다. 여성 단체에서는 대학원 전체의 남녀 합격률 차이를 그 증거로 제시하며, 남학생의 합격률이 여학생의 합격률보다 훨씬 높은 결과가 나온 것은 입학 허가 과정에서 여자가 남자에 비해 불이익을 받았기 때문이라고 주장한 것이다.

대학 측은 여섯 개 계열별 남녀 합격률을 제시하며 대학원 입학 허가 과

* 대학원 전체의 남녀 합격률

구분	지원자 수	합격률
남성	8,442	44%
여성	4,321	35%

정에서 여성에 대한 차별은 없었다고 강력하게 항변했다. 남녀 학생들의 합격률을 계열별로 보면 두 계열을 제외하고는 모두 여학생의 합격률이 남학생보다 높았던 것이다.

* 대학원 계열별 남녀 합격률

계열	남성		여성	
	지원자 수	합격률	지원자 수	합격률
A	825	62%	108	82%
B	560	63%	25	68%
C	325	37%	593	34%
D	417	33%	375	35%
E	191	28%	393	24%
F	373	6%	341	7%

이런 결과가 나온 원인은 계열별 지원자 수의 차이에 있다. 합격률이 높은 A계열과 B계열에서 남자 지원자 수는 1,385명이었던 반면 여자 지원자 수는 133명에 불과했다. 합격률이 높은 분야에 남자 지원자들이 훨씬 많았던 것이다. 반대로 여자 지원자들은 합격률이 30퍼센트 내외에 불과한 C, D, E 계열에 많이 몰려 있었다. 전체적으로 볼 때 여자 합격률이 낮게 나타난 것은 그 때문이다. 이렇게 부분의 결과가 전체의 결과와 일치하지 않는 현상을 '심프슨의 역설'이라고 한다. 1951년에 이 현상을 설명한 에드워드 심프슨의 이름에서 따온 용어이다.

심프슨의 역설은 기저율의 오류와 마찬가지로 확률과 관련해 우리의 직관과 반대인 결과를 경험하게 되는 예이다.

2장
내 마음속의 트릭 아트,
착 각

2-1

아 다르고 어 다르다

프레이밍 효과

"오늘 날씨 꽤 더운데."

방통이 창밖을 내다보면서 말했다.

"다섯 시가 다 되어 가는데, 아직도 덥네."

"그러게, 봄 날씨가 여름 날씨 같아. 비가 안 와서 그런가?"

신통도 공책을 들어 부채질을 하면서 말했다.

봄 가뭄이 극심하던 어느 날이었다. 상담소 문이 벌컥 열리더니, 똘이가 들어왔다.

"삼촌, 우리 여기서 회의 좀 해도 되지?"

허락을 받으려고 묻는 건 아닌 모양이었다. 대답을 하기도 전에 이미 아이들 여섯 명이 상담소 안으로 들이닥쳤다.

방통이 아이들을 반갑게 맞으며 물었다.

"그럼! 어서들 오렴. 학교에서 이제 오는 거니?"

"저희 학교에서 이번에 학교 폭력 예방 역할극을 하거든요. 준비도 하고, 연극 연습하다가 오는 길이에요."

훈이가 철이의 뒤를 이어 말했다.

"포스터를 만들어야 하는데, 문구를 아직 못 정했어요. 모여서 이야기를 더 해 보려고요."

여섯 명의 아이가 소파를 차지하고 앉자, 신통이 자기 의자를 끌고 와서 아이들 옆에 앉았다.

"회의를 해야겠네. 나도 회의에 끼어도 될까?"

'물론이지요.' 하는 표정을 지으며 아이들은 가방에서 공책과 볼펜을 꺼냈다.

"연극 제목, 시간, 장소, 출연진은 당연히 들어가야 할 테고. 어떤 내용인지 제목 밑에 간략한 설명이 들어가면 좋을 것 같아."

훈이가 먼저 의견을 내며 공책에 체크를 했다. 다른 아이들도 따라서 체크를 했다. 이미 포스터의 가안을 짜 온 모양이었다. 신통이 물었다.

"제목은 정해진 모양이지?"

철이가 대답했다.

"예, 〈손에 손 잡고〉로 정했어요."

"지난해에 발표한 학교 폭력 실태 조사를 보니까 언어폭력, 집단 따돌림, 스토킹, 신체 폭행 등을 경험한 학생이 1퍼센트 정도가 된대. 난 이 내용을 포스터에 넣었으면 좋겠어."

훈이의 말에 아이들이 모두 찬성했다. 똘이가 의견을 냈다.

"그럼, 부제를 '학교 폭력, 1퍼센트가 피해자입니다.'라고 쓰면 어때?"

방통이 마실 것을 탁자 위에 내려놓았다.

"덥지? 시원한 피나콜라다 한 잔씩 하고 이야기하렴."

아이들이 손을 내밀어 주스 잔을 잡는 틈을 타, 방통도 자기 의자를 끌어다 앉으며 말했다.

"1퍼센트라고 쓰는 것보다 좀 풀어서 숫자를 써 주는 게 어때?"

철이가 물었다.

"어떻게요?"

"'100명 중에 1명이 학교 폭력 피해자입니다.' 이렇게 말이야."

신통도 방통의 의견에 찬성했다.

"내 생각에도 그게 더 좋을 거 같은데, 너희들 생각은 어떠니?"

"1퍼센트나 100명 중에 1명이나 같은 말 아닌가요?"

아이들은 고개를 갸웃하면서 말하다가 끄덕이는 것으로 바뀌었다.

"구체적인 숫자를 쓰니까 더 나은 것 같네."

"그래, 더 좋은 것 같아. 같은 뜻이지만 주는 느낌이 달라."

"후후, 그렇지? 그게 바로 프레이밍 효과라는 거야."

방통이 웃으면서 어깨를 으쓱했다. 훈이가 물었다.

"프레이밍 효과요? 그게 뭐예요?"

방통이 미소를 지으면서 신통을 향해 손을 내밀었다. 설명은 신통의 몫이라는 뜻이다.

"프레이밍의 뜻이 뭔지 아는 사람?"

아이들이 모두 철이를 돌아보았다. 영어 하면 철이지 하는 표정으로.

"프레이밍(framing)은 프레임(frame)의 명사형이에요. 프레임의 뜻은 '틀', '뭔가를 표현한다.'예요. 그럼 프레이밍은 틀짓기, 표현, 이런 뜻이겠네요."

신통이 박수를 쳤다.

"맞아. 그래서 프레이밍 효과를 다른 말로 틀짓기 효과라고도 하지."

신통이 피나콜라다를 한 모금 마시더니 설명을 시작했다.

"예를 들어 오늘처럼 더운 날, 학교에서 축구를 하고 물을 마시러 수돗가에 갔는데 수도가 고장 난 거야. 어떨 것 같아?"

"왕짜증이죠."

"그런데 수도에 '고장'이라고 씌어 있을 때와 '수리중'이라고 씌어 있을 때, 언제가 더 짜증이 날까?"

아이들이 이구동성으로 대답했다.

"고장이라고 씌어 있을 때요."

"그래, 나도 그럴 거 같아. 이렇게 같은 말이라도 표현하는 방식에 따라 사람들에게 주는 효과가 달라지는 것, 이것을 바로 '프레이밍 효과'라고 해. 쉽게 말해 아 다르고 어 다르다는 건데, 다른 사람을 설득해야 할 경우에 프레이밍 효과를 잘 이용하면 더 좋은 결과를 얻을 수 있지."

훈이가 손을 들었다. 신통이 훈이 쪽을 바라보았다.

"퍼센트로 나타내는 것보다 구체적인 숫자가 더 좋은 효과를 가져온다는 거죠?"

"더 좋은 효과라기보다 프레이밍 효과라는 것도 결국은 우리 인간이 무언가를 인식할 때 일으키는 인식의 왜곡 때문에 생기는 현상이거든. 퍼센트로 나타낸 수치를 들은 사람보다 구체적인 숫자를 들은 사람이 더 강력한 인상을 가진다는 거야. 결국은 똑같은 의미인데 긍정적인 이야기를 들은 사람은 더 긍정적인 인상을 받고, 부정적인 이야기를 들은 사람은 더 부정적인 인상을 받게 된다는 거지. 미국의 심리학자인 폴 슬로빅은 이런 예로 설명했어. '만약 당신이 사람들에게 열 명 중 한 사람만이 게임에서 이길 것이라고 말하면 그 말을 들은 사람들은 그 한 사람이 누구일까를 생각하고, 자기가 그 한 사람이 될 수도 있다고 생각한다. 그런데 게임한 사람 가운데 10퍼센트만이 게임에서 이길 것이라고 이야기하면 그것을 들은 사람들은 심리적으로 이 게임에서는 이길 확률이 낮다고 느낀다.' 결국 게임에서 자기는 이길 수 없다고 믿게 된다는 말이지."

철이가 고개를 끄덕이면서 말했다.

"말을 어떻게 하느냐에 따라서 큰 차이가 생기는 거군요."

그러자 훈이가 고개를 갸웃하더니 물었다.

"그렇다면 프레이밍 효과는 가치관이나 태도의 차이 때문에 생긴다는 말인가요?"

"그렇게도 볼 수 있어. 물이 절반 채워진 컵을 보면서 물이 '절반이나 남았다.'고 생각하는 사람도 있지만, '절반밖에 안 남았다.'고 생각하는 사람도 있잖아. 전자는 긍정적 사고의 틀을 가진 사람이고, 후자는 부정적 사고의 틀을 가진 사람인 거지. 인식의 틀이 긍정적이냐, 부정적이냐에 따라 동일한 사실도 달리 해석하게 되는 것, 이것도 프레이밍 효과라고 할 수 있어."

"얼마 전에 제가 유튜브에서 영상을 하나 봤는데요, 그것도 프레이밍 효과였던 것 같아요."

모두들 훈이 쪽을 보고 귀를 기울였다.

"어느 도시의 광장 한쪽에 걸인 한 사람이 빈 깡통 하나를 앞에 놓고 구걸을 하고 있었어요. 걸인 옆에는 '나는 맹인입니다. 도와주세요.'라고 써 놓은 골판지가 세워져 있었죠. 광장에는 삼삼오오 모여서 이야기하는 사람들, 거리 카페에서 음료수를 마시며 이야기하는 사람들이 꽤 많았어요. 하지만 걸인의 깡통에 동전을 던져 주는 사람은 거의 없었어요. 그런데 선글라스를 낀 젊은 여자가 걸인 앞을 지나가다가 골판지를 뒤집어서 매직으로 뭔가를 썼어요. 걸인은 그 여자의 신발을 만져 봐요. 하이힐을 신은 여자였죠. 여자는 글을 다 쓰고 나서 골판지를 다시 걸인 옆에 놓아 주고 가던 길을 계속 갔어요.

그러자 놀라운 일이 벌어졌어요. 걸인의 깡통에 돈을 던져 넣는 사람이 갑자기 확 많아진 거예요. 걸인이 깔고 있는 종이 위에 돈을 던지는 사람들도 있었어요. 걸인은 돈을 주워서 열심히 깡통에 넣었어요. 이게 무슨 일인가 하고 놀란 걸인 앞에 누군가 와서 섰어요. 걸인이 신발을 만져 보니까 아까 골판지에 뭔가를 써 놓고 간 아가씨였어요. 그래서 걸인이 물어봤지요. '내 종이판에 뭐라고 썼나요?' 그 여자는 걸인의 어깨를 만지면서 '뜻은 같지만 다른 말로 썼어요.'라고 대답했어요."

아이들이 궁금한 듯 훈이에게 물었다.

"그 여자가 뭐라고 썼는데?"

"아름다운 날입니다. 그런데 난 그것을 볼 수 없네요."

아이들 사이에서 탄성이 터져 나왔다.

"야, 멋지다!"

"그 여자, 카피라이터였나 봐."

신통도 미소를 지었다.

"아주 훌륭한 프레이밍 효과의 예인데. 좋아, 좋아!"

그러자 훈이가 말했다.

"동영상 마지막에 나온 문구도 생각나요. 당신의 말을 바꾸세요. 당신의 세상을 변화시키세요."

아이들이 고개를 끄덕였다. 몇몇은 공책에 적기도 했다. 아이들이 볼펜을 내려놓는 것을 보고 신통이 말을 이었다.

"프레이밍 효과는 어찌 보면 같은 말이라도 효과적으로 하는 방법에 대한 이야기처럼 보이지만, 그게 그렇게 간단치가 않아. 아까도 말했지만 우리 인간이라면 누구나 범하는 인식의 편향 때문에 생기는 거니까 말이야. 그래서 프레이밍 효과를 적극적으로 이용하는 사람들이 있어. 어떤 사람들일까?"

"다른 사람들의 생각을 자기에게 이롭게 만들려고 조종하는 사람들이겠지요."

"광고하는 사람들 아닐까요?"

"맞았어. 광고와 마케팅 분야에서 프레이밍 효과를 많이 활용해. 예를 들어 어떤 사람이 5천만 원짜리 자동차를 사려고 해. 막상 자동차 매장에 가서 보니, 내비게이션을 업그레이드하고 뒷자리에 손잡이도 달아야 하는 거야. 그런데 그 비용으로 100만 원을 더 내라는 거야. 처음에는 '100만 원이나 더 내야 하다니. 너무 비싸다.' 하는 생각에 망설이지만, 딜러가 '자동차 가격의 2퍼센트에 불과해요.'라고 말하면 바로 계약을 하게 된다, 이 말이야. 프레이밍 효과 때문에 과소비를 하게 되는 거지. 너희들도 이런 경험 있지 않니?"

"저는 평소에 건강을 생각해서 음료수를 잘 안 마시거든요. 그런데 똑같은 음료수인데 마시는 비타민이라고 하니까 사서 마시게 되더라고요. 건강에 좋을 거 같아서요."

뚱이의 말을 듣고 훈이도 한마디 한다.

"저는 우유를 많이 마시는데요. 늘 삼성 우유를 사 마시는데, 꼭 유통 기한을 확인하고 사요. 그런데 얼마 전에 오성 우유로 바꿨어요. 그 우유에는 제조 날짜를 표시하더라고요. 결국은 같은 건데."

신통이 고개를 끄덕끄덕하며 말했다.

"그래, 다들 프레이밍 효과의 좋은 예들이야. 프레이밍 효과는 우리 인간이 얼마나 비합리적인지를 보여 주는 예지. 프레이밍 효과에 빠져서 과소비를 하거나 잘못된 선택을 하지 않도록 노력해야겠지?"

"어떻게 하면 합리적인 선택을 할 수 있을까요?"

"프레이밍 효과에 빠지는 것은 우리가 틀에 박힌 사고를 하기 때문이야. 그러니까 어떤 선택을 할 때 다른 입장, 다른 틀로 생각을 하면 도움이 될 거야. 긍정적인 메시지를 보면 부정적으로 따져 보고, 부정적인 메시지를 보면 긍정적인 점은 없는지 비판적으로 따져 보는 거지. 그러면 좀더 합리적인 선택을 할 수 있을 거야."

"예, 알겠습니다."

힘차게 대답한 아이들은 주섬주섬 가방을 챙겨 자리에서 일어났다.

프레이밍 효과

프레이밍 효과를 처음 이야기한 사람은 미국의 사회학자 어빙 고프먼이다. '틀짓기, 틀짜기, 구성하기' 등의 뜻을 지닌 '프레이밍'이라는 낱말은 원래 사진에서 쓰이는 용어다. 사진가들은 사진을 찍을 때 피사체를 어떻게 배치해야 좋은 화면을 구성할 수 있을지 연구한다. 이런 작업을 프레이밍이라고 한다. 고프먼은 파인더에 피사체를 어디에 어떻게 배치하느냐에 따라 사진이 주는 느낌이 달라지는 것처럼, 사람들이 어떤 상황에 닥쳤을 때, 자신이 지닌 생각의 틀(프레임)에 따라 이해하고 판단한다고 했다. 이것이 '프레이밍 효과'다. 다시 말해 동일한 사건이라도 시각이 다르면 달리 보인다는 뜻이다.

2002년 노벨 경제학상을 수상한 미국의 심리학자 대니얼 카너먼 교수는 동료 아모스 트버스키와 함께 프레이밍 효과의 다양한 측면을 연구했다. 대표적인 예가 '아시아 질병 문제'이다. 그들은 사람들을 두 개의 그룹으로 나누어 다음과 같은 메시지를 주고, 각각 어떤 선택을 하는지에 대해 실험했다.

"새로운 질병이 발발했습니다. 이 질병을 방치하면 600명이 사망할 것으로 예상됩니다. 방역 당국은 두 가지 안을 마련하여, 이 질병과 싸울 예정입니다. 두 안의 과학적 결과는 다음과 같습니다."

첫 번째 그룹에게는 A안과 B안 가운데 하나를 선택하게 했다.

- A안 : A안을 실행할 경우, 600명 중 200명이 살아남습니다.
- B안 : B안을 실행할 경우, 600명 모두가 살아남을 확률이 1/3, 아무도 살아남지 못할 확률이 2/3입니다.

실험 결과, 첫 번째 그룹의 72퍼센트가 A안을 선택하고, 28퍼센트는 B안을 선택했다.

두 번째 참가자 그룹에게는 C안과 D안 가운데 하나를 선택하게 했다.

- C안 : C안을 실행할 경우, 600명 중 400명이 죽습니다.
- D안 : D안을 실행할 경우, 600명 중 아무도 죽지 않을 확률이 1/3, 모두가 죽을 확률이 2/3입니다.

프레임을 바꾸자, 두 번째 그룹의 78퍼센트가 D안을 선택하고, 22퍼센트만이 C안을 선택했다.

'살아남는다'는 단어를 사용하여 메시지를 제시하자 참가자들은 200명을 구할 수 있다는, 안전해 보이는 A안을 더 많이 선택했다. 그리고 '죽는다'는 단어를 사용하여 메시지를 제시하자 참가자들은 400명이나 죽는다는 C안보다 모두가 죽을 확률이 2/3나 되는, 위험해 보이는 D안을 더 많이 선택했다. 메시지의 프레임을 바꾸자 두 그룹은 서로 다른 선택을 했다. 사실, A안과 C안이 같은 내용이고, B안과 D안의 내용이 같은 내용인데 말이다.

카너먼 교수는 이 실험 결과를 보고, 사람들의 프레임이 제각각인 게 아니라 일종의 편향성이 있다고 생각했다. 사람들의 프레임은 공통적으로 '손실 회피'를 추구하는 특성이 있다는 것이다. 이익은 못 볼망정 절대로 손해는 안 보려는 것이다. 그래서 살아남는다는 이익이 눈앞에 있으면 위험을 회피하고, 죽는다는 손실이 눈앞에 있으면 기꺼이 모험을 선택한다.

아침에 세 개, 저녁에 네 개

중국의 전국 시대 때, 송나라 땅에 저공이라는 사람이 살았다. 저공은 원숭이라면 자다가도 벌떡 일어날 만큼 좋아해서 집에서 원숭이 수십 마리를 기르고 있었다. 저공과 원숭이는 의사소통이 가능하게 되었고, 눈빛만 봐도 서로의 마음을 헤아릴 수 있게 되었다.

그런데 형편이 넉넉지 않아 원숭이의 먹이를 대는 것이 큰 부담이 되었다. 저공은 가족이 먹는 식량을 아껴 가며 원숭이의 먹이를 댔지만 한계가 있었다. 어느 틈에 식량은 바닥이 났고, 원숭이가 먹을 것은 물론이고 사람이 먹을 것도 도토리밖에 없었다. 도토리마저도 넉넉지 못한 상황이었다.

저공은 먹이를 줄이는 수밖에 없다고 생각하고 원숭이들에게 말했다.

"먹을 것이 모두 떨어졌구나. 이제부터 너희들한테 아침에는 도토리 세 개, 저녁에는 도토리 네 개를 주겠다."

원숭이들은 아침에 하나 적게 먹으면 배가 고파서 안 된다고 아우성이었다. 골머리를 앓던 저공은 묘수를 생각해 냈다. 원숭이들을 다시 불러 모아 이렇게 말했다.

"아침에 도토리 네 개, 저녁에는 도토리 세 개를 주겠다. 어떠냐?"

원숭이들이 이번에는 모두 좋다고 기뻐했다.

하루에 도토리 일곱 개를 받는 것은 변함이 없는데, 원숭이들은 아침에 한 개를 더 먹는다는 생각에만 빠져 좋다고 한 것이다. 여기에서 유래한 한자성어가 조삼모사(朝三暮四)다. 당장 눈앞에 보이는 이익에만 눈이 어두워 그 결과가 같음은 인식하지 못하는 것을 비유하는 말이다. 간사한 꾀로 사람을 속이는 것을 이르는 말이기도 하다. 옛날 사람들도 프레이밍 효과를 알고 경계했다는 뜻이다.

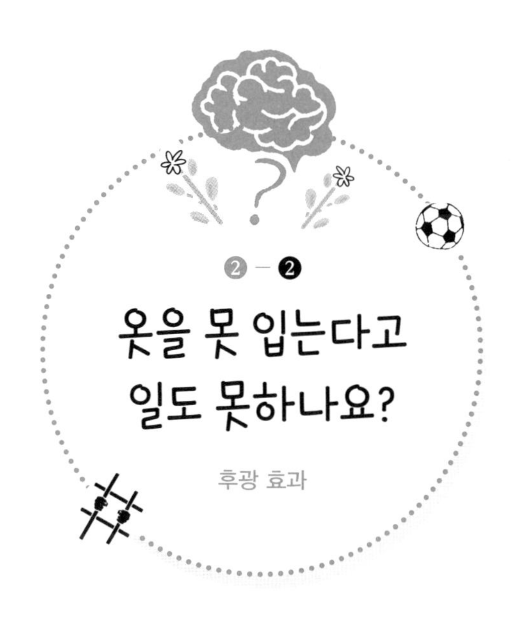

2-2

옷을 못 입는다고 일도 못하나요?

후광 효과

한 남자가 상담소 문을 열고 들어왔다. 실버그레이 색으로 염색한 단발머리에 검은 정장을 입고 검은 구두를 신고, 흰 양말을 신어 포인트를 준 차림이었다.

"헙."

신통과 방통이 놀라서 동시에 소리를 죽였다. 방통이 인삼차 한 잔을 가져다주었다.

30대 초반으로 보이는 남자가 빨간색 백팩을 옆에 내려놓으며 숨을 길게 내쉬었다. 신통이 청년 앞에 앉으며 물었다.

"어디 다녀오시는 길인가 보네요?"

"면접 보고 오는 길입니다. 또 떨어졌어요. 서른 번째인 것 같아요. 허허허."

청년은 이제 웃음밖에 안 나온다는 듯이 허탈하게 웃었다.

"떨어진 이유는 생각해 보셨어요?"

신통이 슬쩍 청년의 눈치를 살폈다. 실버그레이 색의 단발머리에 흰색 양말, 개성이 지나치게 강해 보였다. 면접에 적합한 복장은 아니라는 생각이 들었지만, 말은 하지 않았다.

"아무리 생각해도 매번 면접에서 떨어지는 이유를 모르겠다니까요. 제가 남들보다 스펙이 좋으면 좋았지 떨어지는 게 없거든요. 미국에서 몇 년 살아서 남들보다 나이가 좀 많기는 한데, 다른 것은 절대 뒤지지 않습니다. 미국에서 회사 생활을 해서 실무 경험도 있고요."

신통이 한참 뜸을 들이다가 솔직하게 얘기했다.

"그렇다면 제가 보기에 이유는 한 가지밖에 없을 것 같습니다."

청년이 눈을 크게 떴다.

"그래요? 그게 뭡니까?"

"아마도 당신의 옷차림, 머리 색깔이나 헤어 스타일 때문이 아닐까 싶은데……."

청년이 멈칫 하더니 고개를 설레설레 저었다.

"저도 그 생각을 안 해 본 게 아니에요. 하지만 옷 입는 것과 실력이 무슨 상관이 있어요? 요즘 기업들은 사원들의 개성을 존중하려고 하잖아요. 저는 성격도 좋고, 친화력도 좋습니다. 조직 생활이라면 정말 자신 있거든요."

"방금 개성이라고 말했는데, 사람들은 한 가지 특성이 나쁘게 보이면 다른 특성까지 나쁘게 보는 경향이 있어요. 반대로 한 가지 특성이 좋게 보이면 다른 특성까지 좋게 보는 경향이 있죠. 이것을 후광 효과라고 합니다. 기업에서도 그렇답니다. 한 가지 특성이라도 나쁘게 보이면 업무 능력도 별로일 거라고 믿게 되지요. 반대로 좋은 특성이 하나 보이면 그 사람의 업무 능력까지 좋게 보지요."

"그런가요?"

"특히 광고업계에서는 후광 효과를 이용하려고 애를 쓰지요. 광고에 공유나 송중기 같은 인기 배우가 많이 나오잖아요. 그들이 연기는 잘할지 몰라도 옷이나 밥솥에 대해 잘 알 리는 없잖아요? 하지만 사람들은 '공유가 입는 옷이니까 품질이 좋을 거야.'라고 생각한답니다. 후광 효과를 노린 거죠."

"소비자들이야 후광 효과에 넘어간다 치더라도 전문가들은 다르지 않을까요?"

"전문가들도 별로 다르지 않아요. 이건 제 경험인데요, 대학교 때 영문 전공 서적을 요약해서 내야 하는 리포트가 있었어요. 저는 사전을 찾아 가며 힘들게 해석하고 요약해서 깔끔하게 워드를 쳐서 리포트를 제출했습니다. 그런데 같은 과 여자 친구가 바빠서 리포트를 못 썼다고 내 리포트를 그대로 베꼈어요. 보기 좋게 그래프를 그려 넣고 그림이나 사진 같은 이미지 자료만 보충해서 냈지요. 그런데 그 여자 친구는 A를 받고, 저는 B를 받았어요. 내용은 완전히 똑같은 리포트였는데도요. 보기 좋은 문서가 내용도 훌륭하게 보인다는 것 때문이죠. 이것도 후광 효과지요."

"맞아요. 제가 봐도 파워포인트 실력이 좋으면 프레젠테이션도 멋져 보이니까요. 또, 말솜씨가 좋으면 프레젠테이션 성적도 좋더라고요. 내용과 상관없이."

"잘 아시네요. 어떤 심리학자 두 사람이 실험을 하나 했어요. 유명한 심리학 잡지사 12군데에서 뛰어나다고 평을 받은 논문 한 편씩을 골라 저자 이름만 바꾸어서 다시 같은 잡지사 12군데에 보내는 거였지요. 12군데 잡지사 가운데 그 논문이 예전에 자기 잡지에 실렸던 논문이란 것을 알아차린 잡지사는 3군데에 불과했어요. 놀라운 것은 8군데에서는 그 논문들이 별로 가치가 없다고 평가했다는 거예요. 심사위원들이 저자 이름을 들어 본 적이 없었기 때문에 논문을 제대로 평가하지 않은 거죠. 이름값이라고도 하지요. 이 또한 후광 효과의 일면이라고 해야겠지요."

"제가 자꾸 면접에 떨어지는 것도 후광 효과 때문이라는 겁니까? 그것도 제 스타일 때문에?"

"다른 문제가 없다면 저는 그럴 거라고 생각합니다. 평범한 옷차림이나 머리 스타일을 하고 있었다면 아마도 심사위원들은 다른 평가를 했을 겁니다."

청년이 인상을 썼다.

"아니, 제 스타일이 어떻다고 그러십니까? 최신 유행하는 머리 스타일에, 상대방에게 신뢰감을 주는 검은색 정장에."

신통과 방통이 동시에 한숨을 내쉬었다.

"개성이 지나친 것도 문제입니다. 회사라는 곳이 어느 정도는 통일성과 획일성을 요구하는 집단이니까요. 저는 외모 지상주의에 반대하는 사람입니다. 하지만 당신의 실력을 제대로 인정받으려면 스타일을 먼저 바꾸시는 게 좋을 것 같아요."

"제 스타일이 그렇게 문제인가요?"

청년은 이해가 안 된다는 표정으로 한숨을 쉬었다.

"어쨌든 잘 알겠습니다."

청년은 가방을 집어 들더니 인사도 없이 휙 나가 버렸다. 방통이 쯧쯧 혀를 찼다.

"화가 정말 많이 났나 보네."

후광 효과

미국의 군대 조직에서는 수시로 장교들이 부하들을 평가하는데, 심리학자 에드워드 손다이크는 부하에 대한 평가를 앞둔 장교들을 상대로 한 가지 실험을 진행했다.

A그룹 장교들에게는, 비비아나라는 부하 여군이 '똑똑하고, 부지런하며, 독립적이다. 친절하고, 결단력 있고, 신중하고, 현실적이다.'라고 소개한 다음, 직접 만나 이야기하고 나서 다음 항목들 중 한쪽에 평가하도록 했다.

'너그럽다–인색하다, 행복하다–불행하다, 참을성이 많다–쉽게 화를 낸다, 재미있다–지루하다.'

A그룹 장교들의 75~95퍼센트가 비비아나는 '너그럽고, 행복하고, 참을성이 많고, 재미있다.'고 긍정적인 평가를 내렸다.

B그룹 장교들에게는 앞에서 말한 특성 가운데 '친절하다'는 항목을 '무관심하다'라고 바꾸어서 소개했다. 그랬더니 B그룹 장교들의 5~35퍼센트만이 비비아나에게 긍정적인 평가를 내렸다. '친절하다'를 '무관심하다'라고 바꿨을 뿐인데 면접 결과가 반대로 바뀐 것이다. 이처럼 한 가지 특성이 다른 특성을 판단하는 데 영향을 미치는 것을 '후광 효과'라고 한다.

우리는 잘생기고 매력적인 사람을 좋아한다. 남자든 여자든 간에 그 점에서는 마찬가지다. 그런데 잘생기고 매력적인 사람은 그렇지 않은 사람보다 대인 관계도 좋고, 더 적극적이며, 더 똑똑하고, 더 성실할 것이라고 믿는다. 이런 외모적인 특성이 지성이나 성실성 같은 특성과 상관 있을 리 없다. 그럼에도 우리는 어떤 사람에게 아주 돋보이는 좋은 특성이 하나 보이면 그 사람의 다른 특성들까지 실제보다 더 좋게 본다. 이것이 후광 효과의 힘이다.

후광 효과는 우리가 올바르게 판단하고 현명하게 결정하는 것을 방해하는 효과인 셈이다. 그러므로 중요한 판단이나 결정을 내려야 할 때는, 아무리 인상적이더라도 한 가지 특성만 보고 판단해서는 안 된다. 올바른 선택을 할 수 없기 때문이다. 누군가를 평가할 때에도 상대방의 두드러지게 좋은 점이나 나쁜 점이 다른 특성에 영향을 끼치지 않도록 주의해야 한다. 몇 년 전부터 입사 서류에 사진을 없애거나 출신 대학을 적지 않도록 하는 기업이 늘고 있다. 후광 효과에 빠지지 않고 공정한 평가를 하려는 노력이 사회적으로 늘어나고 있는 것이다.

대한민국을 뒤흔든 학력 위조 사건

한 미술관의 큐레이터였고, 어느 대학교의 조교수였던 신 씨는 미국 예일 대학교에서 미술사로 박사 학위를 받았다고 했다. 그러나 실제로는 고등학교를 졸업하고 미국 캔자스 대학교를 중퇴한 것이 학력의 전부였다. 신 씨의 사건이 터지자 '혹시 내가 아는 누구도 학력을 위조한 것이 아닐까' 하고 온 나라가 학력 검증에 나섰다. 학력 검증을 대신해 주는 업체에는 단 열흘 만에 400여 건의 문의가 들어왔다고 한다.

군 장교들 가운데서도 학력을 속인 사람이 23명으로 드러났다. 명문 여대를 나왔다던 유명 여배우도, 명문대를 졸업했다던 코미디언이자 사회자도 학력이 가짜였다. 영국의 명문 대학에서 언어학 석사를 마쳤다고 했던 유명 영어 강사의 학력도 가짜였다. 명문대를 졸업했다는 한 영화감독도, 유명 만화가도 마찬가지였다. 유명 작곡가, 유명 건축가, 유명 탤런트 들 가운데 학력을 속인 사람들이 속속 드러났다.

그러자 부풀려진 학력을 슬그머니 고치려는 사람들도 나타났다. 외국에서 받은 박사 학위를 신고하는 기관인 학술진흥재단에는 학위를 취소할 수 있느냐는 문의 전화가 잇따라 걸려왔다. 인터넷 포털업체에 자신의 학력을 수정하거나 아예 삭제하고 싶다는 뜻을 비추는 사람도 많았다. 이처럼 사람들이 학력을 속이는 까닭은 명문대 졸업장만 있으면 실력도 있고 일도 잘하려니 사람들이 믿기 때문이다. 가짜까지 만들어 내는 만큼 후광효과의 함정에 빠지지 않도록 조심해야 할 것이다.

2-3

같은 것도 달라 보인다

대조 효과

신통과 방통이 점심을 먹고 산책 삼아 공원에 들렀다. 공원 벤치에 앤틱 가구점을 운영하는 노 사장님이 홀로 앉아 있었다. 상담소를 차릴 때 많은 도움을 주셨던 분이라 반가웠다. 그런데 늘 쾌활하시던 사장님이 오늘은 근심이 가득한 표정이다.

"사장님, 안녕하세요?"

"아, 젊은 선생님들, 점심 먹고 오는 길인가?"

"예. 사장님도 식사하셨어요?"

"그럼요. 시간이 몇 신데……."

그렇게 말하는 노 사장님의 말에 힘이 하나도 없었다. 방통이 사무실로 초대했다.

"사장님, 저희 상담소에서 차 한 잔 하고 가세요."

상담소 소파에 앉은 노 사장은 여전히 말이 없었다. 방통이 바나나 식초에 생수를 타서 가지고 왔다.

"사장님, 왜 이렇게 힘이 없으세요? 무슨 일 있으세요?"

노 사장이 바나나 식초를 한 모금 마시더니 오만상을 찌푸렸다. 꼭 맛이 시어서만은 아닌 것 같았다.

"왜겠소? 장사가 잘 안 돼서 그렇지."

신통도 바나나 식초를 한 모금 마시고는 입맛을 다시며 물었다.

"사장님네 가게에 좋은 물건 많던데요. 요즘 앤틱 가구를 찾는 손님이 별로 없나 보죠?"

"손님은 더 늘었다고 봐야지. 요즘은 젊은 사람도 앤틱 가구를 많이 찾으니까. 그런데 우리 가게에만 손님이 뜸해요."

노 사장이 바나나 식초를 한 모금 더 들이키더니 다시 인상을 썼다.

"손님이 오면 어떻게 응대하는지 여쭤봐도 될까요?"

신통이 조심스레 말을 꺼냈다.

"뭐, 다른 가게랑 똑같지요. 어떤 물건을 찾느냐, 어느 정도의 가격대를 원하느냐, 그런 것들을 물어보고 적당한 물건을 보여 주지요. 앤틱 가구가 원래 값이 좀 나가잖아요? 그래서 가격이 좀 저렴한 것을 먼저 보여 줘요. 손님이 마음에 안 들어 하거나 좀 더 고급스러운 것을 원하면 가격이 높은 가구를 보여 주고요."

"그러면 손님들은 어떤 반응을 보이나요?"

"대개는 너무 비싸다면서 그냥 가게를 나가 버려요. 좀 더 좋은 것을 보여 달라고 해서 보여 주면, 그런 반응이에요. 요즘 경기가 안 좋기는 안 좋은가 봐요. 다들 돈이 없어서 그런 게 아니겠어요?"

"사장님, 그러시지 말고 대조 효과를 이용해 보면 어떨까요?"

노 사장이 눈을 크게 뜨며 물었다.

"대조 효과? 그게 뭔데요?"

"제가 뭘 좀 보여 드릴게요."

신통이 일어나서 책장이 있는 쪽으로 갔다. 그리고 책장에서 두툼한 책을 한 권 꺼내 와 탁자에 펼쳐 놓았다. 거기에는 회색 상자 그림이 두 개 놓여 있었다. 왼쪽에는 검은색 테두리에 안쪽을 회색으로 칠한 상자가 있고, 오른쪽에는 흰색 테두리에 안쪽을 회색으로 칠한 상자가 있었다.

"이 그림을 한번 보세요. 왼쪽에 있는 회색 상자와 오른쪽에 있는 회색 상자 가운데 어느 것이 더 짙은 색으로 보이세요?"

"오른쪽이 더 짙은 색 아닌가?"

"그렇게 보이죠? 하지만 두 회색은 같은 색이랍니다."

"그래요? 오른쪽이 훨씬 더 짙게 보이는데."

신통이 책의 페이지를 접어서 상자를 약간 겹치게 했다.

"어? 정말 같은 색이네!"

"회색을 싸고 있는 검은색 테두리와 흰색 테두리가 서로 강한 대조를 이루잖아요. 그래서 같은 회색이라도 서로 다르게 보이는 거예요. 이렇게 배경에 따라 같은 것도 달리 보이는 것을 '대조 효과'라고 한답니다. 천재 물리학자 아인슈타인이 이런 말을 한 적이 있어요. '1분만 뜨거운 난로 위에 손을 얹고 있어 보세요. 그러면 1시간처럼 느껴질 거예요. 그리고 아름다운 여자 옆에 1시간 동안 있어 보세요. 그러면 1분처럼 느껴질 겁니다.' 상대성을 설명한 말인데요, 같은 시간이라도 어떤 상황이냐에 따라 다르게 느껴지는 것, 바로 대조 효과를 설명하는 말이기도 해요."

"같은 색깔이라도 다르게 보이고, 같은 시간이라도 다르게 느껴진다는 건데, 그게 장사랑 무슨 관계가 있다는 겁니까?"

"대조 효과는 우리 생활 곳곳에서 경험할 수 있어요. 가끔 대중목욕탕에 가시죠?"

"자주 가죠. 하루 종일 서 있다 보면 몸이 찌뿌둥하니까. 뜨거운 탕 속에 몸을 담그는 것이 피로를 푸는 데 최고거든요."

"탕에서 나와 샤워하실 때를 떠올려 보세요. 탕에 들어가기 전에 뜨거운 물로 샤워할 때와 탕에 들어갔다 나온 후에 샤워할 때, 물의 온도가 다르게 느껴지지 않나요?"

"탕에 들어가기 전에는 물의 온도가 뜨겁게 느껴지다가 탕에서 나온 다음에는 시원하게 느껴지는 것도 대조 효과다, 이 말이죠?"

"네, 사장님. 척하면 척하고 알아들으시네요. 남사당패가 쓰는 말에 노름마치란 말이 있어요. '놀다'의 놀음과 '마치다'의 마침이 결합된 말인데요, 최고의 명인을 뜻하는 말이래요. 이 최고의 명인이 나와서 한판 놀면 이 사람 뒤에는 아무도 나서지 않았대요. 누가 나서서 놀아 봐야 최고로 잘 노는 사람의 공연을 본 뒤라서 관객들이 재미없어하기 때문이죠. 그래서 최고 명인이 나서고 나면 놀음을 마치게 하기 때문에 고수 중의 고수를 노름마치라고 하는 거래요."

"하긴 노래방에 가서도 노래 잘 부르는 사람이 노래를 부르고 나면 그다음에는 아무도 안 부르려고 하죠. 그것도 대조 효과네요?"

"사장님은 장사하실 때, 비교적 싼 물건을 먼저 손님에게 보여 주고, 그다음에 비싼 물건을 보여 주신다고 하셨잖아요?"

"보통 그렇게 하죠."

"싼 물건을 먼저 보여 주고 나면 나중에 보여 주는 비싼 물건이 더 비싸게 보이지 않을까요?"

그런 생각은 해 보지 않았다는 듯 노 사장의 눈이 동그래졌다.

"아하, 그러니까 내가 싼 물건을 먼저 보여 주었기 때문에 손님들이 나중에 보여 준 물건들이 너무 비싸다고 생각한단 말이지요? 그래서 안 사고들 그냥 가 버렸을까?"

신통이 얼른 덧붙여 말했다.

"거꾸로 비싼 물건을 보여 주고 나서 그보다 싼 물건을 보여 주면, 원래 값이 비싸더라도 그다지 비싸게 생각되지 않을 거예요. 그럼 물건 팔기가 더 수월하지 않을까요?"

"흠, 비싼 것부터 보여 준다. 대조 효과를 이용해서 장사를 해 보란 말이 이 말이었군요."

노사장이 고개를 크게 끄덕이더니, 자리에서 일어서며 말했다.

"좋은 얘기 많이 들었소. 내가 그 대조 효과라는 것을 써먹어 보고 와서 말하리다."

노 사장이 기세 좋게 팔을 휘두르며 상담소 문을 열고 나갔다.

대조 효과

한때 반신욕이 유행했다. 반신욕을 해 본 사람은 대조 효과를 느껴 봤을 것이다. 뜨거운 물속에 5분이나 10분쯤 앉아 있다가 샤워를 하면, 물속에 잠겨 있던 하반신은 물이 차갑게 느껴지고 물 밖에 있던 상반신은 뜨겁게 느껴진다. 같은 물이라도 샤워를 하기 전에 어떤 온도에 몸이 노출되어 있었느냐에 따라 물의 온도가 달리 느껴지는 것이다. 이처럼 두 가지 서로 다른 자극이 일으키는 효과를 '대조 효과'라고 한다.

미국의 한 당구대 제조 회사가 일주일 동안 실험을 했다. 가장 값싼 상품부터 점차 값비싼 상품을 소개하는 전통적 판매 기법과 값비싼 상품부터 점차 값싼 상품을 보여 주는 새로운 판매 기법을 이용해 장사를 했다. 그런 다음, 두 경우의 평균 매출 가격을 비교해 보았다. 그 결과 값싼 상품부터 보여 준 경우는 평균 550달러의 상품을 판매했으나, 값비싼 상품을 먼저 보여 준 경우는 평균 1,000달러가 넘는 상품을 판매했다. 상품이 1,000달러를 넘으면 보통은 비싸다고 느낄 것이다. 그러나 값비싼 상품을 먼저 보게 되면 나중에 본 상품은 저렴하다고 느낀다.

의류점에서 비싼 정장을 판 뒤에 와이셔츠를 팔면 와이셔츠가 더 잘 팔리는 것도 대조 효과 때문이다. 값비싼 정장을 샀기 때문에 그에 어울리는 액세서리는 비싸지 않게 느끼는 것이다. 고가의 화장품 매장에서 립스틱 판매가 많은 것도 마찬가지다. 음식점에서도 메뉴판을 만들 때 메뉴 가격의 나열 순서에 따라 매출이 달라진다.

대조 효과를 잘 활용하는 사람들은 일을 잘한다는 칭찬을 듣는다. 유능한 의류 매장 직원은 여성 고객에게 값은 싸지만 조금 뚱뚱해 보이는 옷을 먼저 권한다. 그런 다음, 유명 디자이너의 고급 브랜드 옷을 입혀 준다. 당연히 한 10배쯤 여성 고객이 멋있어 보인다. 가격은 4배밖에 안 비싸니까 쉽게 지갑이 열린다.

광고업계에서도 대조 효과는 빛을 발한다. 카피라이터와 디자이너가 아무리 밤을 새워 만든 광고 시안이라고 해도, 하나밖에 없는 광고 시안으로는 까다로운 클라이언트의 입맛을 맞추기가 거의 불가능하다. 틀림없이 수정 지시가 떨어진다. 아예 아무런 설명도 없이 무작정 마음에 안 든다고 말하는 클라이언트도 많다. 그래서 유능한 광고 회사 직원은 클라이언트에게 갈 때, 두세 개의 광고 시안을 갖고 간다. 그리고 그 가운데 반드시 하나는 형편없는 시안을 끼워서 내민다. 형편없는 광고 시안에 비해 광고 회사에서 미는 시안은 훌륭해 보이기 때문에 클라이언트는 쉽게 오케이 사인을 한다.

이처럼 대조 효과는 우리의 현명한 판단을 방해한다. 대조 효과에 속지 않으려면 대조되는 대상이 없더라도 그것을 선택할 것인지 다시 한 번 냉정하게 따져 보는 것이 좋겠다. 그러려면 뭔가를 평가할 때 객관적인 기준을 미리 정해 놓거나, 특히 사람을 평가할 때는 일관된 방법을 사용해야 한다는 것도 잊지 말아야 하겠다.

대조 효과가 가져다주는 위험성, 〈뷰티풀 걸〉

테드 데미 감독의 영화 〈뷰티풀 걸〉에서 고교 동창인 토미(맷 딜런)와 폴(마이클 래파포트)은 조그만 시골 마을에서 살고 있다. 토미는 유부녀가 되어 마을로 돌아온 옛 여자 친구 다리안(로렌 홀리)과 다시 사랑에 빠진다. 그러자 토미의 현재 여자 친구 샤논(미라 소르비노)은 상처를 입고 그의 곁을 떠나기로 한다. 슈퍼 모델을 이상형으로 여기는 폴은 7년간이나 사귄 여자 친구 잔(마샤 플림프톤)을 받아들이지 못한다.

* 영화 〈뷰티풀 걸〉의 포스터

뉴욕의 바에서 피아노를 연주하는 윌리(티모시 허튼)는 변호사 트레이시(아나베스 기쉬)와 살고 있지만 결혼을 생각하지 않으며, 자신의 직업에 만족하지 못한다. 마음이 복잡한 윌리는 생각을 정리하기 위해 잠시 고향으로 돌아온다. 고향에서 윌리는 13세 소녀 마티(내털리 포트먼)와 시카고에서 온 안데라(우마 서먼)를 만난다.

아름답고 따뜻하며 남자들의 세계도 잘 이해하는 안데라는 모든 남성들이 꿈꾸는 완벽한 여인이다. 그러나 윌리는 나이답지 않게 성숙한 마티에게 끌린다. 이때 트레이시가 찾아와 윌리에게 피아노 연주를 계속하는 것이 좋겠다고 말한다.

이 영화에서 우리는 남성들이 여성들을 바라보는 편견에 대해 살펴볼 수 있다. 그 편견은 대개 이상적인 여성상과 현실적인 여성상의 괴리, 즉 이상과 현실의 대조에서 나온다. 바로 대조 효과 때문에 현재의 여자 친구에게 계속 부족함을 느끼는 것이다. 지나(로지 오도넬)가 대조 효과에 빠진 남자들에게 그 위험성에 대해 한마디 던진다.

"너희 바보들은 이상적인 여자들을 만날 기회조차 없으면서 우리 같은 진짜 여자들에겐 아무런 약속도 안 해. 정말 불쌍한 일이야. 너희가 어떻게 될지 걱정이야. 80살이 되면 너희는 양로원에나 있겠지. 그때서야 자리를 잡고 결혼해서 애를 가지려 하겠지."

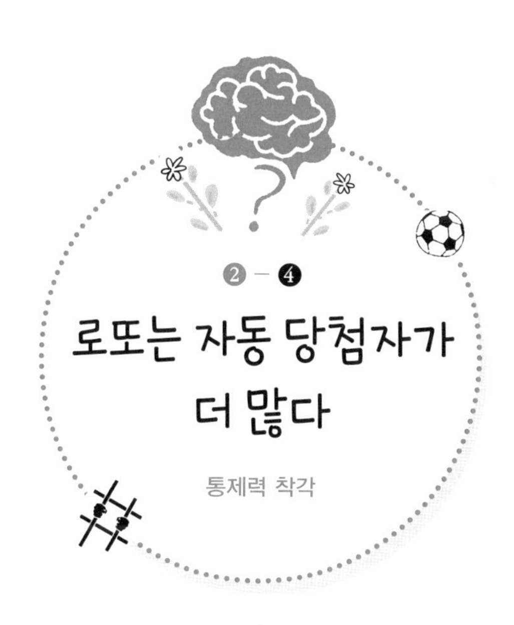

2-4

로또는 자동 당첨자가 더 많다

통제력 착각

“안녕들 하십니까?”

사거리 고시원에서 총무로 일하는 박 총무가 상담소 문을 열고 들어왔다.

“잠시 앉았다 가도 될까요?”

공무원 시험 준비 중인 박 총무는 고시원 일을 하느라 공부할 시간이 없다고 늘 투덜거린다. 그러면서도 일주일에 한 번씩은 로또를 사러 멀리 상계동까지 간다. 1등 당첨자가 여러 번 나왔다는 유명한 로또 판매점에 가기 위해서. 그때마다 꼭 상담소에 들러 로또 번호를 고른다. 고시원에서는 집중하기가 어려워 번호를 고르기 힘들다나 뭐라나. 방통이 콜라에 얼음을 띄워서 가지고 왔다.

"앗, 감사합니다."

박 총무가 고개를 넙죽 숙이자, 방통이 물었다.

"지난번에는 어떻게 됐어요? 뭐 작은 거라도 됐어요?"

"겨우 5천 원짜리 하나 됐어요."

"그럼 손해네요?"

방통은 박 총무가 매번 2만 원어치씩 로또를 사는 것을 알고 있었다.

"아, 손해지요. 그래도 두고 보세요. 언젠가는 큰놈으로 한 번 당첨될 때가 있을 겁니다."

박 총무가 콜라를 한 모금 들이키더니 가지고 있던 가방에서 두툼한 수험서를 꺼냈다.

'로또 번호를 정하는데, 웬 수험서?'

궁금했던 신통이 다가와서 박 총무가 하는 행동을 찬찬히 지켜보았다. 박 총무는 기도라도 하는 듯, 눈을 감고 한동안 있다가 눈을 뜨고 책을 펼쳤다. 책에서 뭔가를 확인한 다음, 수첩에 숫자를 써 넣었다. 그러기를 몇 번이고 반복했다. 신통이 참지 못하고 물었다.

"지금 뭐하는 거예요?"

"로또 번호 정하는 중이랍니다."

"어떻게 정하는데요?"

"책에 페이지 숫자가 있잖아요? 그 숫자에서 끝 두 자리를 적는 거예요."

신통은 별 방법이 다 있다고 생각했다.

"그렇게 하면 당첨 확률이 더 높아지나요?"

"처음에는 제 주민 등록 번호로도 해 보고, 부모님 생년월일로도 해 보고, 별의별짓 다 해 봤는데 잘 안 되더라고요. 그래서 이렇게 한번 해 보는 거예요."

옆에서 보고 있던 방통이 말했다.

"로또는 자동이 더 많이 당첨된다던데……."

"에이, 그럴 리가요. 사람이 직접해도 잘 안 되는데, 기계가 하면 더 안 되지요."

방통의 얘기에도 아랑곳하지 않고, 박 총무는 120번 눈을 감았다가 120번 책을 펼치고 나서 120개의 로또 번호를 수첩에 적어 넣었다. 박 총무가 수첩을 주머니에 넣고 수험서를 가방에 넣었다. 기다렸다는 듯이 신통이 말했다.

"박 형, 잠깐 시간 있으면 우리 간단한 게임 한 번 할까요?"

"게임이요? 무슨 게임이요?"

"주사위 게임 한 번 하지요, 점심 내기!"

“좋습니다. 짜장면 내기로 하지요. 방통 씨도 같이 할 거죠?”

“그럼요. 적어도 세 명은 있어야 게임이 재밌죠.”

방통이 책상 서랍에서 주사위 두 개를 가져왔다. 이미 여러 차례 게임을 해 본 눈치였다. 신통이 방통에게서 주사위 두 개를 받아 들고 말했다.

“이 주사위 두 개를 던져서 합이 큰 사람이 이기는 겁니다. 가장 큰 수가 나오는 사람은 3점, 두 번째가 2점, 꼴찌가 1점. 열 번을 던져서 점수를 내기로 합시다.”

“점수가 제일 높은 사람이 1등이라 이거죠. 제가 먼저 던지겠습니다.”

박 총무가 아주 힘 있게 주사위를 던졌다. 4와 5가 나왔다. 다음은 방통. 방통도 주사위가 데굴데굴 구를 정도로 힘 있게 던졌다. 3과 6이 나왔다. 마지막으로 신통은 적당한 힘으로 던져서 1과 5가 나왔다. 이런 식으로 열 번을 던졌다. 결과는 방통이 1등, 신통이 2등, 박 총무가 꼴찌였다. 박 총무가 아쉽다는 듯이 한마디 했다.

“이상하네. 주사위 던지기에서도 운이 안 따르나? 이번에는 작은 수가 나오는 사람이 1등이라고 하고, 한 번 더 하죠.”

이번에는 방통이 제일 먼저 던졌는데 주사위를 살살 던졌다. 다음 차례인 박 총무도 살며시 주사위를 놓았다. 몇 번 구르지 않고 주사위가 멈추었다. 마지막 차례인 신통이 주사위는 던지지 않고 질문했다.

"박 형, 왜 이번에는 주사위를 살살 던져요? 아까는 세게 던졌잖아요?"

"살살 던져야 작은 수가 나올 것 같아서요."

"살살 던진다고 작은 수가 나오나요? 순전히 우연히 결정되는 건데……."

"논리적으로야 그렇지만, 기도하는 심정으로 던지는 거죠. 간절하게 바라면 이루어진다고 하잖아요."

"맞아요. 사람들은 그렇게들 생각하지요. 결과에 아무런 영향을 미치지 않는다는 것을 알면서도 어떻게 하느냐에 따라 결과에 영향을 미친다고 믿는 경향이 있지요. 이것을 심리학에서는 '통제력 착각'이라고 부른답니다."

"통제력 착각이라…… 그런 말이 다 있군요."

"로또는 자동 번호가 당첨 확률이 높다고 밝혀졌는데도 수동으로 직접 번호를 고르는 것이 더 잘 맞을 거라고 믿잖아요? 아까 보니 박 형도 그러던데……. 1등 당첨이 나왔다는 로또 판매점까지 가서 사기도 하고요."

"그렇게 하면 당첨 확률이 더 높을 것 같아서요. 자동 번호에 맡기면 제 일을 남에게 맡기는 것 같아서 찜찜하기도 하고."

"그게 바로 통제력 착각이에요. 엘렌 랭어라는 심리학자가 이런 실험을 한 적이 있어요. 참가자들을 두 그룹으로 나누어 A그룹은 수동으로 로또 번호를 선택하게 하고, B그룹은 자동으로 로또 번호를 선택하게 했어요. 각각 1달러어치씩 로또를 사게 했지요. 그리고 참가자들에게 '꼭 로또를 사고 싶어 하는 사람이 있는데 혹시 로또를 팔 생각이 있는지, 판다면 얼마에 팔고 싶은지 적어 달라.'고 했어요."

"재미있는 실험이네요. 나 같으면 안 팔 거 같은데, 어떻게 됐어요?"

"자동 번호의 로또를 산 B그룹은 약 19퍼센트가 팔지 않겠다고 답했어요. 반면에 자신이 직접 선택한 번호의 로또를 산 A그룹은 39퍼센트가 팔지 않겠다고 답했답니다."

"그럴 거 같아요. 팔겠다고 한 사람들은 얼마에 팔겠다고 했어요?"

"B그룹 사람들은 평균 1.9달러에 팔겠다고 했고, A그룹 사람들은 평균 8.9달러를 달라고 했대요."

"하하, 내 그럴 줄 알았어."

"이렇게 두 그룹의 행동이 큰 차이를 보인 것은 사람들이 기계에서 나온 숫자보다 자신이 직접 선택한 숫자가 당첨 가능성이 높다고 믿었기 때문이에요. 이것이 바로 통제력 착각이에요. 자신이 선택했다는 사실만으로 당첨될 가능성이 높아질 리 없는데도요."

박 총무가 고개를 끄덕끄덕했다. 신통이 우리 주변에서 볼 수 있는 통제력 착각의 다른 예를 들었다.

"수능 시험 날, 엄마들이 교문 밖에서 열심히 기도를 한다고 해서 아이들 수능 시험 성적이 더 좋아질까요? 우리가 텔레비전 앞에서 열심히 응원하면 우리나라 축구팀이 브라질이나 독일을 이길 수 있나요? 물론, 그런 정성 때문에 수능 시험 보는 학생들이나 우리나라 축구 선수들이 더 열심히 하는 것을 기대할 수는 있겠지요. 하지만 직접적인 영향을 주지는 못할 거예요. 이것들도 통제력 착각이에요."

"무슨 말인지는 알겠어요. 하지만 통제력 착각을 한다고 해서 별로 손해 볼 건 없잖아요?"

"그렇지요. 통제력 착각은 사실 좋은 착각이라고 할 수 있어요. 우리에게는 우리 주변 환경을 지배하고 통제하고 싶은 기본적인 욕구가 있기 때문에 이런 통제력 착각을 갖는 것은 우리로 하여금 심리적인 만족감을 주기 때문이에요. 이런 점을 이용해 미국에는 엘리베이터 문이 닫히는 버튼이나 사무실 온도 조절을 위한 버튼, 신호등을 바꾸는 버튼 가운데 가짜 버튼이 많다고 해요. 실제로는 작동이 안 되지만, 사람들은 이 버튼을 누르면서 초조함이나 기다리는 지루함을 없앨 수 있대요.

그러나 통제력 착각은 좋지 않은 점도 있어요. 사람들이 주변 상황을 모두 통제할 수 있다고 믿게 되면, 모든 것을 사람의 탓으로 돌리게 되니까요. 예를 들어 어떤 사람이 교통사고를 당했다면 교통사고의 진짜 원인이 무언지 따져 보기도 전에, 교통사고를 당한 사람이 무언가 잘못했겠지 하고 생각해 버리는 거예요. 알고 보면 자동차에 결함이 있을 수도 있고, 그 동네의 신호 체계에 문제가 있을 수도 있는 거잖아요."

"그렇죠."

"어쨌든 통제력 착각에 빠지게 되면 잘못된 현실을 그대로 인정하게 돼요. 사회 제도가 잘못되었거나 그때의 상황이 어쩔 수 없었는데도 불구하고, 사람들 탓만 하게 되니까요. 통제력 착각에 빠진 사람들은 우리 사회의 빈부 격차가 큰 것도 가난한 사람들이 게으르기 때문이라고 주장해요. 사람들이 모든 것을 통제할 수 있다고 믿기 때문이지요."

그러는 사이에 두 번째 주사위 게임도 끝이 났다. 이번에는 박 총무, 신통, 방통의 순이었다. 박 총무가 말했다.

"동률이네요? 그럼 짜장면은 누가 사야 하나?"

"내가 게임을 하자고 했으니까 내가 살게요."

전화기를 집어 드는 방통을 향해 박 총무가 말했다.

"탕수육도 하나 시키세요. 이번에는 로또가 꼭 될 것 같거든요."

통제력 착각

하버드 대학교 심리학과의 엘렌 랭어 교수는 객관적으로 별로 가능성이 없는데도 성공하리라고 믿는 것이 통제력 착각이라고 말했다. 웨슬리언 대학교의 스콧 플라우스 교수는 통제력 착각을 실제로는 전혀 통제력이 없는데도 마치 자신이 어떤 통제력을 갖고 있는 것처럼 행동하는 것이라고 설명했다.

볼링장에서 볼링공을 굴린 다음, 주먹을 꼭 쥐며 팔을 힘차게 들어올린다. 스트라이크가 되기를 바라면서. 골프공을 치기 전에 앉아서 공이 가는 방향을 주의 깊게 보고 일어서기도 한다. 모두 결과에 좋은 영향을 미치리라고 알게 모르게 기대하면서 하는 행동이다. 이처럼 자신이 전혀 결과에 영향을 미치지 못하는 것에 대해서 영향을 미칠 수 있다고 믿는 것을 '통제력 착각'이라고 한다.

우리는 정도의 차이만 있을 뿐 우리 자신을 둘러싸고 있는 환경을 스스로 통제할 수 있다고 착각한다. 하지만 통제력 착각에 빠지면 모든 것이 그 사람 책임이라는 잘못된 믿음을 갖게 된다. 왕따를 당하는 학생이 있으면 '그 학생이 왕따를 당할 만해서 당했겠지.' 하고 생각한다.

통제력 착각 속에서 살라는 『아프니까 청춘이다』

*『아프니까 청춘이다』, 쌤앤파커스

서울대학교 김난도 교수가 쓴 『아프니까 청춘이다』는 '이미 늦은 것은 아닐까? 남들은 저만치 앞서 가고 있는데.'라며 불안해하는 청춘들에게 '아직 늦지 않았다. 이제 시작이니까 조급해하고 불안해할 것 없다. 그것이 청춘이다. 불안은 성장의 벗이다. 아프고 힘들겠지만, 열심히 준비하고 노력하고 실천하면 기적은 천천히, 하지만 반드시 이루어진다.'라고 위로하는 책이다. 이런 위로가 통했는지 300만 부가 넘게 팔렸다.

그러나 청년 실업률이 10퍼센트가 넘고, 소득 상위 10퍼센트가 전체 소득의 45퍼센트를 차지할 만큼 불평등한 사회에서 '청춘은 원래 아픈 거야.'라고 말할 수 있느냐는 볼멘소리도 적지 않다.

김난도 교수가 이것을 몰라서 아무 말도 안 한 것은 아닐 것이다. 하지만 아무리 노력해도 안 되는 사회에서 청춘들더러 '아프라'고만 말하는 것은 어려운 환경에서도 노력만 하면 성공할 것이라는 통제력 착각에서 말하는 것이고, 청춘들더러 계속해서 통제력 착각 속에서 살라는 소리나 마찬가지다.

3장
가면을 만들어 내는
상황

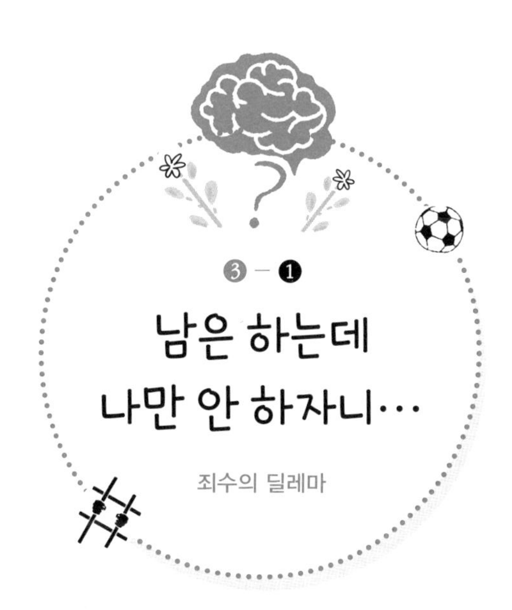

③ – ❶

남은 하는데 나만 안 하자니…

죄수의 딜레마

오늘은 심통 클럽 모임이 있는 날. 신통과 방통이 교실에 들어서자 아이들이 떠들썩하게 맞아 주었다.

"안녕하세요?"

"어서 오십샤!"

재치꾼 용이의 인사에 방통이 웃으며 한마디 했다.

"여기가 중국집이냐? 다들 잘 있었지?"

소란스러운데도 철이는 뭔가 열심이었다.

"잠깐만요, 선생님. 다 끝났어요."

"평소에 열심히 해. 꼭 선생님 볼 때만 열심히 하더라."

신통이 농담조로 꾸중하는 척했다. 철이는 참고서와 공책을 덮어 가방에 밀어 넣었다. 그것을 보고 신통이 놀라서 물었다.

"철아, 그 책 '수학의 정상' 아니니? 고등학교 수학을 벌써 공부해?"

"예, 학원에서요."

"고등학교 선행 학습을 하는 친구들이 많니?"

"다 해요."

"80퍼센트 이상은 할걸요."

"수학은 100퍼센트 다 하지 않을까?"

아이들의 이야기를 듣던 신통이 의아한 표정을 지었다.

"나는 선행 학습하는 사람들을 보면, 나중에 어차피 다 배울 건데 뭘 그리 서둘러서 하는지 모르겠더라. 학교 공부에 도움이 많이 되니?"

아이들이 너도나도 이야기했다.

"사실 효과가 그리 많은 것은 아닌 것 같아요."

"제 생각에도 그래요. 학교 성적에 별 도움이 안 되는 것 같아요."

"고등학교 수학 공부를 하다 보면 중학교 시험 문제가 쉽게 풀릴 때가 있긴 해요."

훈이 말이었다. 신통이 아이들의 말을 정리했다.

"선행 학습이 효과가 있기는 하지만 별로 크지 않다. 뭐 그런 얘기네?"

"네!"

아이들이 입을 모아 대답했다.

"그런데도 거의 모든 아이들이 선행 학습을 한다는 건데, 왜 그럴까?"

아이들이 서로의 눈치를 보는데, 현이가 머리를 긁적이며 말했다.

"그야, 안 하면 불안하니까 그렇죠."

"맞아요. 다들 하는데 나만 안 하면 불안하잖아요."

"학원 안 가면 놀 친구도 없어요."

용이 말에 다들 와 하고 웃었다. 신통도 따라 웃었다.

"너희들 죄수의 딜레마라고 들어 봤니?"

"죄수의 뭐요?"

"딜레마!"

영어 잘하는 철이가 나섰다.

"두 가지 선택지가 있는데, 둘 다 불리한 결과를 가져오기 때문에 선택하기 힘든 경우를 딜레마라고 해. 선택지가 세 가지 있을 때는 트릴레마라고 하지."

"와우! 대단해!"

아이들 사이에서 박수와 탄성이 터져 나왔다.

"철이가 아주 잘 알고 있구나. 죄수가 겪는 딜레마란 뜻인데, 그게 뭔지 알아보자."

화이트보드 앞으로 걸어간 신통이 표를 하나 그리며 설명했다.

"어제 한 은행이 털렸어. 경찰이 의심 가는 두 사람을 붙잡아서 심문을 하려고 해. 정확히는 이 두 사람을 용의자라고 해야겠지만, 편의상 죄수라고 부르자. 두 죄수가 서로 말을 맞추면 안 되니까 경찰들은 두 죄수를 다른 조사실에 붙들어 두고 심문을 하지."

호기심 어린 눈으로 지켜보던 아이들이 알겠다는 듯이 고개를 끄덕였다. 몇몇은 턱을 손으로 괴고 화이트보드를 뚫어져라 쳐다봤다. 신통은 화이트보드에 그려진 표를 볼펜으로 짚어 가며 설명

구분		죄수 B	
		자백	부인
죄수 A	자백	5년 / 5년	10년 / 석방
	부인	석방 / 10년	1년 / 1년

하기 시작했다.

"먼저, 죄수 A에게 경찰이 이렇게 말해. '당신이 은행 강도를 했다고 자백할 경우, 당신 친구도 자백을 하면 당신 둘은 모두 5년 형을 받게 되고, 당신 친구가 은행 강도를 하지 않았다고 부인하면 당신은 석방되고 당신 친구는 10년 형을 받게 됩니다. 당신이 부인할 경우, 당신 친구가 자백을 하면 당신은 10년 형을 살고 당신 친구는 석방되고, 당신 친구도 부인하면 둘 다 1년 형을 살게 됩니다.' 죄수 B에게도 다른 경찰이 똑같이 말하지. 두 죄수는 각각 어떤 선택을 하는 게 좋을까?"

"너무 복잡해요!"

난감해하는 아이들에게 신통이 힌트를 주었다.

"조금 복잡하지? 그래서 죄수의 딜레마라고 하는 거야. 일단 A의 입장에서만 한번 생각해 봐."

훈이가 먼저 운을 뗐다.

"내가 A라면 부인하는 게 좋겠네. 둘 다 부인하면 둘 다 1년만 살고 나오면 되잖아."

현이가 고개를 저었다.

"아니지. A가 부인을 했는데, B가 자백을 해 버리면 A만 10년 형을 살아야 하잖아. 그러니까 A는 부인을 할 수 없지."

"맞아. 두 가지 경우로 나누어 생각해 봐야 해."

철이가 수학적으로 설명했다.

"첫째, B가 자백할 경우, A는 자백하는 것이 유리해. 10년이 아니라 5년 형을 받으니까. 둘째, B가 부인할 경우에도 A는 자백하는 것이 유리해. 부인해서 1년을 사는 대신 석방되니까. 어떤 경우든 A는 자백하는 것이 유리한 거지. A는 자백할 거 같아."

훈이도 보충 설명을 했다.

"B도 A와 같은 생각을 할 거야. 그러니 B도 자백하겠지. A와 B 모두 자백한다가 답이네."

신통이 박수를 쳤다.

"아주 잘 설명해 줬어. 자, 그럼 그 해답이 무엇을 뜻하는지 한번 보자. 두 죄수에게 모두 바람직한 결과가 나왔을까?"

아이들이 모두 눈을 크게 떴다.

"둘 다 5년 형을 살게 되니까 바람직한 결과라고는 할 수 없네요."

신통이 고개를 크게 끄덕였다.

"그렇지? 가장 바람직한 결과라면 둘 다 부인해서 형을 1년씩만 사는 것인데 말이야."

"서로 다른 방에 있게 하고 이야기를 못 하게 해서 그래요."

"서로를 못 믿어서 그런 거지."

"하지만 서로 협조할 수 있는 상황에 있었다고 해도 배신하는 쪽을 택할 수밖에 없을 거야. 약속을 깨고 배신하는 쪽이 더 유리하기 때문이지. 어쨌든 A와 B는 자신들의 이익을 최대로 만들기 위해 합리적으로 생각했지만, 둘 다 부인해서 1년 형을 사는 것보다 나쁜 결과를 얻게 되었지."

훈이가 말했다.

"합리적으로 행동하고 사고하는 것이 늘 좋은 결과를 가져다주는 것은 아니네요."

신통이 아이들을 돌아보고는 자리에 가서 앉았다.

"평소에 게임 많이 하지? 게임이란 정확히 어떤 것을 말하는 걸까?"

게임을 좋아하는 현이가 대답했다.

"스포츠나 바둑처럼 승부를 가리거나 컴퓨터나 스마트폰으로 하는 게 게임 아닌가요?"

"그렇지. 그런데 수학이나 경제학에서 말하는 게임은 범위가 훨씬 더 넓어. 쉽게 말해 '사람들이 최고의 보상을 얻기 위해 최선의 전략을 가지고 벌이는 모든 행위'를 게임이라고 할 수 있지. 참가자들이 상호작용하면서 변화해 가는 상황을 이해하고, 그 상호작용이 어떻게 전개될 것인지, 매 순간 어떻게 행동하는 것이 더 이득이 되는지를 분석하는 것이 게임 이론이야."

"컴퓨터 게임에서 어떻게 하면 이길 수 있는지를 연구하는 것이 게임 이론인 줄 알았는데요?"

현이의 농담에 아이들이 피식 웃었다.

"뭐, 그것도 게임 이론에 포함되겠지. 컴퓨터 게임을 할 때도 상대방의 전략을 분석하고 적절히 반응할 줄 알아야 이길 테니까. 어쨌든 모든 사람은 나름대로 합리적으로 생각하고 행동하기 때문에 모든 게임이 간단히 이기고 지는 것으로 끝나지는 않아."

아이들이 의아하다는 표정을 지었다.

"승부를 가리는 것이 게임이라면 게임에서는 늘 승자와 패자가 있는 거 아닌가요?"

"사람들은 승자와 패자를 가리려고 여러 가지 방법을 동원해. 스포츠 경기에서는 승부가 가려질 때까지 연장전을 한다든지, 승부차기를 하지. 하지만 스포츠가 아닌 일상의 게임 현장에서는 승부를 가릴 수 없을 때가 많아. 서로 상대방의 전략을 관찰하고 평가하면서 자신에게 가장 이로운 전략을 선택하지. 그러다 보면 서로 완벽한 균형을 이룰 수 있는 전략을 발견하게 되고, 이때 이루는 균형을 '내시 균형'이라고 해."

"내시요?"

이런 말을 할 사람은 보나마나 용이다.

"그 내시가 아니라, 존 내시라는 미국의 수학자가 발견한 균형 상태를 말하는 거야. 존 내시는 균형 이론을 발표해서 수학자인데도 노벨 경제학상을 받았어. 아까 우리가 이야기했던 죄수의 딜레마에서 두 죄수는 자기들로서는 최선의 전략인 '자백'을 택했잖아. 달리 말하면 상대가 다른 전략을 선택하지 않는 한 '자백'만이 유일하게 선택할 수 있는 상태였지. 이렇게 각 게임 참가자가 자신의 전략을 고수하고 아무도 전략을 바꾸지 않는다면 현재의 전략 선택은 균형을 이루는 셈이잖아. 이것을 내시 균형이라고 해."

아이들은 고개를 끄덕끄덕했지만, 자기들이 생각한 게임 이론이 아니어서 실망한 표정이다. 갑자기 생각난 듯 훈이가 물었다.

"그런데 우리가 학원 다니는 것이 어떻게 죄수의 딜레마가 되나요?"

"맞아, 우리는 죄수가 아니잖아."

신통이 잠시 당황하는 듯했지만, 이내 아이들을 돌아보았다.

"너희가 죄수가 아니라고? 내가 보기엔 어딘가에 갇혀 있는 것처럼 보이는데."

아이들이 입을 삐죽거렸다.

죄수의 딜레마

제2차 세계 대전이 끝난 후 미국 국방성은 '랜드'라는 회사를 설립했다. 미국의 안보를 목적으로 여러 연구를 했는데, 거기에는 수학과 게임 이론 연구도 포함되어 있었다.

랜드의 고문이자 프린스턴 대학교 수학과 교수인 앨버트 터커는 1950년 스탠퍼드 대학교 심리학자들로부터 게임 이론에 대한 강연 요청을 받았다. 터커 교수는 심리학자들의 이해를 돕기 위해 동료 교수들이 예전에 했던 실험을 바탕으로 '죄수의 딜레마'라는 게임을 만들어 냈다.

이 게임에 참가하는 경기자들은 상대방이 선택할 전략을 예측할 수 있으며, 주어진 상황에서 자신에게 유리한 대응 전략을 선택한다고 전제한다. 그런데 경기자들이 각자 자신의 이익을 위해 최선의 방법을 선택하지만, 모두에게 이익은커녕 자신에게도 불리한 결과가 발생한다. 이것이 바로 '죄수의 딜레마'다.

미국의 수학자 존 내시는 경기자들이 자신의 선택이 상대방의 의사 결정에 어떤 영향을 미치고, 자신은 상대방의 전략에 어떤 영향을 받는지를 감안해 게임 경기자가 내리는 최종 결정 과정을 이론적으로 설명했다. 이 과정을 통해 게임 경기자 모두가 상대방이 내린 선택 아래에서 자신의 선택이 최선의 결과라는 결론에 이르면 내시 균형에 도달했다고 말한다.

하지만 내시 균형이 최선이라고는 할 수 없다. 죄수의 딜레마 상황에서 두 죄수는 자신에게 가장 유리한 자백이라는 전략을 선택했다. 하지만 두 죄수가 모두 혐의를 끝까지 부인했다면 형량을 1년으로 줄일 수 있었다. 그런데 자신의 이익을 추구하다 보니 각자 5년 형이라는 나쁜 결과를 얻었다. 이에 대해 내시는 각자가 자신에게 최대의 이익을 주는 선택을 하기 위해 최선의 노력을 다하더라도 최선의 선택에 이를 수 없다고 설명했다.

존 내시의 영화 같은 삶을 그린 〈뷰티풀 마인드〉

론 하워드 감독의 영화 〈뷰티풀 마인드〉는 수학자인데도 노벨 경제학상을 받은 존 내시의 삶을 바탕으로 만들어진 영화다.

1940년대 최고의 엘리트만이 모인다는 미국의 프린스턴 대학원. 장학생으로 입학한 천재 존 내시(러셀 크로)는 머리도 좋고 얼굴도 잘생겼지만, 내성적이고 무뚝뚝해서 사람들과 잘 어울리지 못한다. 다른 학생들과는 달리 강의를 듣거나 논문을 쓰는 데도 별 관심이 없다. 기숙사 유리창을 노트 삼아 열심히 수식을 써 가는 존은 오직 자신만의 '독창적 아이디어'를 찾아내는 것에만 관심이 있다.

어느 날 '문제의 해답은 저 밖에 있다.'는 친구 찰스(폴 베터니)의 말에 존은 친구들과 함께 술집을 찾는다. 그 술집에 금발 미녀와 친구들이 나타난다. 내시의 친구들은 미녀의 관심을 독차지할 수 있는 방법을 놓고 말다툼을 벌인다. 원래 용기 있는 자가 미녀를 차지한다고 했던가. 그러나 존은 "친구들이 각자 미녀에게 다가가면 미녀는 아무에게도 호감을 보이지 않을 것이다."라면서 '개인들이 각자 자기 할 일을 열심히 하면 모두에게 이익이 된다.'는 애덤 스미스의 이론은 틀렸다고 단언한다. '균형 이론'의 단서를 발견한 것이다. 이를 바탕으로 27쪽짜리 논문을 발표한 존은 하루아침에 제2의 아인슈타인으로 학계의 스타가 된다.

* 존 내시의 삶을 다룬 〈뷰티풀 마인드〉의 포스터

애덤 스미스는 『국부론(1776)』에서 '보이지 않는 손'에 의해 시장 경제 체제가 경제의 효율성을 가져온다고 주장했다. 150년 넘게 경제학에서 진리로 여겨진 이 이론은 내시가 균형 이론을 발표한 이래 더 이상 유효하지 않게 되었다. 다시 말해 애덤 스미스는 각 개인이 최선을 다하면 궁극적으로 구성원 모두가 좋아진다고 했으나, 내시가 이를 부정함으로써 경제학 자체에 변화를 가져온 것이다.

3-2

나는 아니지만 남들은 그럴걸

다원적 무지 이론

"똘이 왔니?"

상담소 문이 빼꼼 열렸다. 방통이 책을 보다가 문 쪽을 향해 소리쳤다. 똘이가 오기로 약속한 시간이었다.

"어? 죄송합니다. 어서 오세요."

문을 열고 들어온 사람은 30대 중반으로 보이는 남자였다. 갑자기 신통이 벌떡 자리에서 일어섰다.

"선생님! 어서 오세요. 여기는 웬일로…… 앉으시죠."

신통이 갑자기 쩔쩔 매면서 남자를 소파로 안내하고 자기도 앞에 자리를 잡았다. 방통은 얼떨떨한 표정을 지으며 주방으로 갔다. 방통은 신통과 그 남자의 이야기에 귀를 기울였다.

"오랜만에 뵙네요, 선생님. 안녕하셨어요?"

"예, 그렇지요? 똘이 삼촌도 안녕하셨습니까?"

방통이 플로리다 세 잔을 쟁반에 들고 두 사람에게 다가왔다. 방통은 궁금한 눈치다.

"선생님, 이거 드시지요."

방통이 내려놓은 칵테일을 신통이 그 남자 앞으로 밀어 놓았다. 그러고는 방통의 팔꿈치를 붙잡아 자리에 앉혔다.

"인사드려. 똘이 담임 선생님이셔."

'아하!'

방통이 자리에서 벌떡 일어나 얼른 고개를 숙였다.

"안녕하세요. 처음 뵙겠습니다. 방통이라고 합니다."

똘이 담임 선생님도 엉거주춤 자리에서 일어나 방통의 인사를 받았다.

"처음 뵙겠습니다. 똘이 담임입니다."

세 사람이 모두 자리에 앉아 칵테일을 한 모금씩 하자, 그제야 좀 안정이 되는 듯했다. 신통과 방통이 선생님 얼굴을 빤히 쳐다보았다.

"저, 혹시 우리 똘이에게 무슨 문제라도?"

방통이 걱정스러운 표정으로 묻자 선생님이 더 당황했다.

"아, 아닙니다. 실은 그렇게 생각하실까 봐 여기 오는 것도 한참이나 망설였어요. 한번 와 보고 싶기도 했고……, 여쭤 보고 싶은 것도 있고 해서요."

왜 그런 쓸데없는 소릴 하느냐는 표정을 지으며 신통이 방통의 옆구리를 푹 찔렀다.

"잘 오셨습니다. 제가 뭐 도와드릴 일이라도……."

선생님은 쑥스럽다는 듯 머리를 긁다가 칵테일을 한 모금 마시더니 이야기를 꺼냈다.

"제가 명색이 교사인데, 이런 이야기를 해도 되는지 모르겠지만 답답해서요. 얼마 전에 반에서 쪽지 시험을 봤어요. 바로 그 전주에 공부했던 내용이라 아이들이 시험을 잘 볼 거라고 생각했지요. 그런데 평균이 50점도 안 되더군요. 제가 수업 시간에 설명을 마치고 이해하지 못한 사람 있느냐고, 손 들어 보라고 했을 때는 아무도 손을 들지 않았어요. 물론 모든 아이가 100퍼센트 이해했을 거라고는 생각하지 않았지만, 결과가 그렇게 나오니까 정말 실망스럽더라고요."

"선생님께서는 열심히 가르치셨는데 아이들 점수가 안 나와서 속이 상하시다는 거죠?"

똘이 담임 선생님이 손사래를 쳤다.

"아, 아닙니다. 그런 게 아니에요."

신통과 방통이 둘 다 눈을 동그랗게 떴다.

"아이들 점수가 낮게 나와서 그런 게 아니라, 아이들이 이해하지도 못했으면서 왜 질문을 하지 않았을까, 저는 그 점이 더 신경 쓰여요. 저에게 무슨 불만이 있어서 그런 건 아닐까 하는 생각이 듭니다. 사실 이런 적이 이번이 처음이 아니거든요."

"설마 아이들이 불만이 있어서 그랬을까요? 제가 보기엔 다른 이유가 있어서 그런 거 같은데요."

선생님이 고개를 들어 신통을 쳐다보았다. 그때 상담소 문이 벌컥 열렸다.

"안녕, 삼촌들?"

똘이였다.

"응? 선생님? 안녕하세요!"

똘이도 당황했지만 선생님도 당황스럽긴 마찬가지였다.

"응, 그래……."

신통이 똘이를 향해 손을 흔들고는 재빨리 말했다.

"미처 말씀 못 드렸는데, 똘이가 오기로 되어 있었어요."

신통은 선생님의 눈치를 살폈다.

"똘이도 이리 와 앉아라. 오늘 마침 선생님이 오셨네."

똘이가 머뭇거리더니 선생님 앞자리에 앉았다. 선생님 앞에 세 명이 주르르 앉는 이상한 구도가 되고 말았다.

"똘아, 너희 반 얼마 전에 쪽지 시험 본 이야기하던 중이야. 쪽지 시험 보기 전에 선생님께서 설명을 다 해 주시고, 모르는 사람 있는지 확인도 하셨다며? 그런데 너희들은 왜 잘 이해도 못 했으면서 질문도 안 하고 시험을 봤냐?"

신통을 보며 똘이가 처음에는 어안이 벙벙한 표정을 짓더니 이내 무슨 말인지 알아들었는지 별일 아니라는 표정을 지었다.

"아, 그거?"

"선생님, 똘이는 몇 점 받았나요?"

방통이 분위기를 가볍게 한답시고 물었다. 똘이가 입을 삐죽거렸다.

"똘이요? 똘이는 그래도 70점 정도 맞은 거 같은데요. 열 문제 가운데서 70점이라고 하기가 좀 그렇지만요."

"똘이는 제법 했네. 그래도 선생님 설명을 다 이해한 건 아니었지?"

신통이 짐짓 엄격한 표정을 지었다.

"다 이해한 건 아니었죠."

"그런데 왜 선생님께 모르는 것을 질문하지 않았어?"

신통이 캐묻자, 똘이 이마에 주름이 잡혔다. 잠자코 있던 선생님도 궁금해했다.

"그래, 똘아. 나도 궁금하구나. 왜 질문을 안 했니?"

똘이가 눈을 위로 치켜떴다.

"잘 모르겠어요……. 사실은 다른 아이들은 다 이해한 거 같은데 나만 몰라서 질문하는 거 같아 좀 쪽팔려서요. 그래서 질문을 하고 싶어도 못 하게 되는 것 같아요."

"응? 그게 무슨 말이야?"

선생님은 이해가 안 되는 것 같았지만, 신통은 무슨 말인지 알겠다는 표정이었다.

"저는 똘이 말이 무슨 말인지 알 것 같습니다. 아까 제가 다른 이유가 있는 것 같다고 말씀드린 것도 그 때문이에요."

선생님과 똘이가 신통의 이야기에 귀를 기울였다.

"선생님께서 내용을 설명하고 나서 학생들에게 물었을 거예요. '자, 모두 잘 알았지?' 학생들은 큰 소리로 '예!' 하고 대답하겠죠. 하지만 그 가운데 정확하게 이해하지 못한 학생도 몇몇 있을 거예요. 그 학생들은 친구들은 다 이해했는데 자기만 수업 내용을 이해하지 못했다고 생각했을 수 있어요. 모른다고 하면 창피당할 테니까 그냥 넘어가는 거죠. 문제는 그런 학생이 한둘이 아니라는 거예요. 대부분의 학생들이 수업 내용을 이해하지 못하고서도 이해한 것처럼 행동할 거예요. 그러다 보니 평균이 50점도 안 나오게 되는 거지요."

"예? 제게 불만이 있어서 질문을 안 한 게 아니라는 건가요?"

선생님의 말을 듣고 오히려 똘이가 놀랐다.

"선생님한테 불만이요? 선생님이 애들 사이에서 얼마나 인기가 좋으신데요."

신통이 잘난 체했다.

"똘이 말처럼 애들이 선생님께 불만이 있어서 질문을 안 한 게 아니라, '다원적 무지'라는 심리학적 현상 때문에 그런 일이 생기는 겁니다."

"다원적 무지요? 그게 뭔가요?"

선생님뿐만 아니라 똘이도 궁금했다.

"똘이가 수업 시간에 질문을 하지 않은 까닭은 자기만 모르고 다른 아이들은 다 알 거라고 생각했기 때문이잖아요? 다른 아이들도 자기만 모르고 다른 아이들은 다 알 거라고 생각해서 질문을 하지 않았고요. 이처럼 한 개인이 집단 안에서 자기 의견과 다수의 의견이 다를 것이라고 생각하는 착각을 '다원적 무지'라고 합니다. 다수에 대한 다수의 오해지요."

똘이와 선생님에게서 탄성이 터져 나왔다. 신통이 즐거운 표정으로 말을 이었다.

"똘이 너, '벌거벗은 임금님' 이야기 알지?"

"그걸 모르는 사람도 있어?"

선생님과 신통, 방통 모두 하하 웃었다. 신통이 웃음기를 거두지 않은 채로 똘이에게 물었다.

"이 이야기가 우리에게 주는 교훈이 뭘까?"

"너무 허영심을 부리면 안 된다, 아이처럼 순수한 마음을 가져야 한다 아니에요?"

"이 동화의 원작자 안데르센은 허영심만 가득한 사람들, 무언가가 두려워 거짓말하는 사람들에게 일침을 놓고 싶었을 거야. 처음에 사기꾼 재봉사들이 '이 옷은 바보들에게는 안 보이는 옷입니다.'라고 말했을 때, 신하들은 어떤 생각을 했을까?"

"옷은 안 보이지만 바보들에게는 안 보이는 옷이라고 하니, 옷이 안 보인다는 말을 못 했겠죠."

"그렇지. 신하들은 한결같이 보인다고 거짓말을 했지. 다른 신하들에게 물어볼 생각도 못 하고."

"내가 이해 못했다는 것을 창피하게 생각한 거와 같겠죠."

똘이의 입이 쑥 나왔다.

"맞아. 옷이 안 보였지만 똘이 너처럼 신하들도 그렇게 생각한 거야. '내가 이 옷감이 안 보인다고 말하면 나를 바보라고 하겠지. 저들은 다 보이겠지.' 바보라는 소리를 들을까 봐 서로 확인하지도 못한 거야."

선생님도 한마디 보탰다.

"아, 그러니까 서로 이야기를 해 보면 재봉사가 사기꾼이라는 걸 알았을 텐데, 이야기를 하지 않아서 재봉사가 사기를 칠 수 있었다는 거군요."

"예, 대다수의 사람들 생각과 자기 생각이 다를 거라고 믿은 거죠. 실은 다른 사람들도 다 자기와 같은 생각을 하고 있는데 말이죠. 이것이 바로 '다원적 무지'라는 거예요."

"똘아, 그런 거였니? 나한테 불만이 있어서 질문을 안 한 거 아니야?"

"아이, 선생님. 그런 거 아니에요."

똘이가 뒤통수를 긁적이자, 신통이 말을 이었다.

"다원적 무지와 비슷하다고 할 수 있는 '제3자 효과'라는 것도 있어요. 다원적 무지의 일부라고 할 수도 있고요."

선생님은 자신의 고민이 해결되어선지, 신통의 말에 별 관심이 없는 듯 보였다. 신통은 그래도 설명을 이어 갔다.

"예를 들어 청소년들이 자주 접할 수 있는 TV 드라마와 인기 웹툰에서 가끔 주인공이나 주인공 친구들이 자살하는 장면이 나옵니다. 이럴 때 자살하는 구체적인 모습이나 끔찍한 방법이 자세히 묘사되는 경우가 있어요. 교육부나 학교 선생님들은 이 같은 장면들이 청소년들에게 자살 위험을 더 높일 것이라고 우려해요. 정말로 그런가요, 선생님?"

선생님이 대답하기 전에 방통이 선수를 쳤다.

"나는 청소년들이 자살 같은 극단적인 선택을 하는 이유가 더 문제라고 생각해. 자살하는 장면이나 방법은 큰 영향이 없을 것 같은데."

"저는 그럴 수도 있다고 생각해요."

똘이가 거침없이 대답하자, 신통이 긴장했다.

"그럴 수도 있다니?"

"정말 죽고 싶은데, 죽는 방법을 몰라서 생각만 하고 있다가 방법을 알게 되면 진짜로 자살할 수도 있을 거 같아요."

똘이의 대답에 신통이 당황했다.

"그럴 수 있겠네. 똘이 너도 그럴 것 같니?"

신통은 똘이가 어떤 대답을 할지 몰라 덜덜 떨면서 물었는데, 똘이는 가볍게 답했다.

"나? 나야 안 그러지. 나는 내 주관이 뚜렷한데! 방송에서 이렇게 하자고 해서 이렇게 하고 저렇게 하자고 해서 저렇게 하는 캐릭터가 아니잖아. 그렇지만 다른 친구들은 방송에 영향을 많이 받을 거야."

신통은 안심이 되었지만, 기가 막히기도 했다.

"선생님, 들으셨죠? 방금 똘이가 말한 것처럼 신문이나 방송 기사를 보고 듣고 하면서 저건 남의 이야기지, 나하고는 상관없어, 남들은 저렇게 할지 모르지만 나한테는 안 통해, 하는 것이 바로 제3자 효과랍니다. 나 말고 제3자에게나 통하는 이야기라고 믿는 거죠."

선생님도 기가 막힌지 허 하고 웃었다.

"저도 끔찍한 뉴스를 보면 아이들이 저런 이야기를 들으면 흉내 낼 것 같아 걱정이 되긴 해요. 잔인한 영화 장면도 마찬가지고요. 나야 뭐 어른이니까 그런 이야기에 넘어갈 리가 없다고 생각하지요."

"맞습니다. 사람은 스스로를 너무 높이 평가하는 경향이 있어요. 난 남들보다 낫다, 평균 이상은 된다, 누구나 이런 자만심을 갖고 있지요. 그래서 나는 미디어에 영향을 받지 않지만 다른 사람들은 영향을 받을 것이라고 생각하지요."

"그렇군요. 결국 제3자 효과라는 것도 다수에 대해서 개인이 오해하는 것이군요."

잠잠히 듣고 있던 똘이가 물었다.

"그럼 어떻게 해야 해? 어쩔 수 없이 다른 사람을 오해하고 그냥 있어야 해?"

"똘이가 좋은 질문을 했네. 다원적 무지나 제3자 효과는 개인이 다른 사람을 오해하고 있어서 생기는 좋지 않은 심리잖아? 그러니까 어떤 사건이나 현상에 대해서 우리는 늘 다른 사람과 정보를 교환하고 의견을 나누면서 의사소통을 해야 하는 거야. 그래야 오해가 풀리지."

선생님이 고개를 끄덕이며 똘이 머리를 쓰다듬었다. 똘이도 새삼스레 선생님을 쳐다보았다.

다원적 무지이론

미국의 심리학자 대니얼 카츠와 플로이드 알포트는 '의견의 보편성에 대한 환상'이라는 주제로 연구를 하다가, 사람들이 주변 사람들의 의견에 대해 잘 모르고 있다는 것을 발견했다. 1930년대 미국 대학에서는 유색인 학생들이 백인 학생들과 함께 기숙사 생활을 하거나 클럽에 가입하는 것이 불가능했다. 그런데 두 사람이 조사해 보니, 백인 학생들 가운데 유색 인종과 함께하는 것에 반대하는 학생들은 거의 없었다. 그러나 모두들 자신은 유색 인종에 반대하지 않지만 다른 학생들은 반대할 것이라고 생각했다. 이처럼 여론에 대한 개인의 잘못된 지각을 두 학자는 '다원적 무지'라고 이름 붙였다. 사람들은 나와 다른 의견을 가지고 있는데도 같은 의견을 가지고 있다고 오해하기도 하고, 반대로 나와 같은 의견을 가지고 있는데도 다른 의견을 가지고 있을 것이라고 오해하기도 한다. 대부분의 사람들이 이런 생각을 하기 때문에 다수가 다수에 대해 오해하게 되는 것이다.

다원적 무지는 '나는 그렇게 생각하지 않지만, 남들은 다 그렇게 생각할 것이라는 믿음'이다. 그래서 어떤 일이나 사건에 대해 자신은 잘못이라고 생각하지만 남들은 나와 다를 것이라고 생각하기 때문에 내 의견을 겉으로 말하지 못하고 슬쩍 침묵하고 만다. 결국 다원적 무지는 우리가 왕따를 당하기 싫어서 갖게 되는 잘못된 심리다. 다원적 무지에서 벗어나려면 서로에게 알리고 소통해야 한다.

미디어의 속임수를 보여 주는 〈아버지의 깃발〉

제2차 세계 대전. 일본의 요새 이오지마. 검은 모래가 깔리고 유황 동굴이 있는 이곳에 상륙한 미 해병은 일주일이면 전투가 끝날 줄 알았다. 미군은 일본군보다 화력도 훨씬 더 강했으며 병력도 다섯 배나 더 많았기 때문이다. 하지만 일본군은 지하 벙커를 건설하며 완강하게 버텼다. 그러면서 일본군은 이오지마에 주둔하고 있는 흑인 병사와 백인 장교로 이루어진 미군 부대에 전단을 뿌렸다. 흑인 병사들은 백인을 위해 싸우지 말고 항복하라는 내용이었다. 그런데 전단에 영향을 받은 건 흑인 병사가 아니라 오히려 백인 장교

* 영화 〈아버지의 깃발〉의 포스터

들이었다. 이들은 흑인 병사들이 탈영을 할까 봐 부대를 철수시키기도 했다. 바로 제3자 효과의 힘이었다.

미군은 전투 도중에 스리바치산 정상에 성조기를 꽂는다. 이 순간을 담은 사진 한 장은 미국 국민들에게 끝나지 않을 것 같은 전쟁이 곧 끝날 것이라는 희망이 된다. 아들이 전쟁터에서 살아 돌아오리란 희망을 품게 하고 자식을 잃은 부모들에게는 위안과 자부심을 준다.

사진을 찍은 후 성조기를 꽂았던 대원 중 세 명은 전사하고, 세 명은 살아남아 고향으로 돌아간다. 미국 정부는 살아남은 세 명, 위생병 존 닥 브래들리(라이언 필립)와 인디언 출신 아이라 헤이즈(아담 비치), 통신병 레니 개그논(제시 브래포드)을 불러 전쟁 기금 마련에 나서게 한다. 미국 국민의 감정을 이용해 전쟁 기금을 마련하려 한 것이다. 열렬한 환호와 갈채 속에서 전국을 돌며 열심히 영웅 노릇을 한 세 사람 덕분에 시들했던 기금 마련에 불이 붙는다.

하지만 이 사진은 가짜였다. 첫 번째 꽂은 성조기는 해병 장교가 기념품으로 가져가 버렸다. 화가 난 챈들러 존슨 대령이 통신병에게 더 큰 깃발을 세우라는 명령을 내렸다. 이에 병사들은 낡은 일본 파이프 관을 다시 들어 옮겼다. 이 광경을 본 사진작가 조 로젠탈은 병사들에게 포즈를 취하라고 부탁했고, 셔터를 눌렀다. 결국 조작된 사진이었다.

클린트 이스트우드가 감독한 이 영화는 제3자 효과 이론이 나오는 배경이 되었고, 미디어가 어떻게 조작되는지를 보여 주었다.

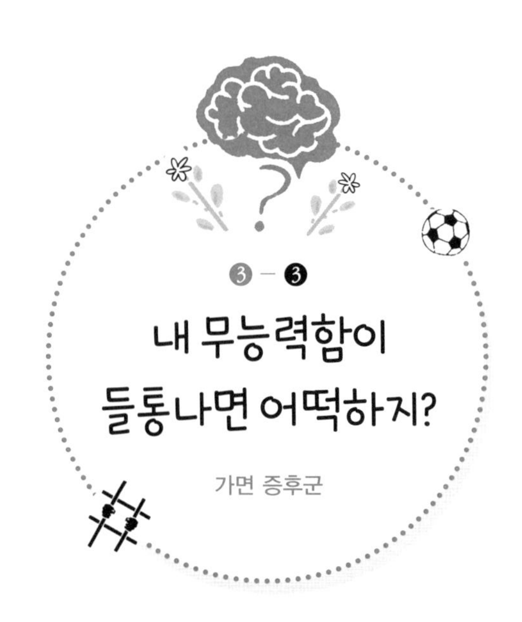

3-3

내 무능력함이 들통나면 어떡하지?

가면 증후군

“아유, 나 공부해야 한다니까!”

“아, 좀 쉬었다 해. 공부 좀 그만하라니까!”

상담소 문이 열리더니, 슬기가 친구 팔을 끌고 안으로 들어왔다. 신통과 방통이 세미나를 갔다 와서 짐 정리하느라 늦게까지 사무실에 있던 날이다. 방통이 시계를 보았다. 저녁 8시가 넘었다. 신통도 조금 놀라면서 슬기를 맞았다.

“이 시간에 어쩐 일이야? 여기 앉아라.”

슬기가 친구를 먼저 소파에 앉히고 자기도 옆에 털썩 주저앉았다.

"도서관에서 오는 길이야."

"여태 공부하다 왔구나. 이 친구는 누구니?"

"송이야. 우리 학교 학생회장이자 전교 1등."

송이는 신통을 보고 고개만 까딱 하고는 불안한 듯 주위를 둘러보았다.

"자, 최고들에게만 어울리는 칵테일입니다. 골든 메달리스트."

방통이 어느새 칵테일 두 잔을 들고 와 아이들 앞에 내려놓았다.

"방통 삼촌이 정말 최고를 알아보네."

슬기가 새콤달콤한 칵테일을 한 모금 마시는 동안 송이는 뚱하니 앞만 보고 있었다. 슬기가 칵테일을 송이 앞에 놓아 주며 다그쳤다.

"좀 쉬어도 돼. 너는 맨날 1등만 하면서 뭐가 그리 불안하니? 가끔 쉬어 줘야 머리도 잘 돌아갈 거 아냐?"

송이가 마지못해 칵테일 잔을 들어 입으로 가져갔다.

"저번에는 운이 좋아서 1등 한 거지. 공부도 별로 안 했어."

"안 하기는 뭘 안 했다고 그래, 밤에 잠도 잘 안 자면서! 너, 하루에 네 시간도 안 잔다며?"

"누가 그래? 하루에 다섯 시간 이상은 꼭 자거든."

"다섯 시간?"

두 아이 앞에 엉거주춤 앉아 있던 신통이 놀라서 물었다.

"공부를 아주 열심히 하는구나. 잠도 줄여 가며 공부하려면 많이 힘들겠다."

"아, 아니에요. 하루에 공부하는 시간은 얼마 안 돼요."

"얼마 안 되기는. 네가 공부하는 시간이 얼마 안 되면 다른 아이들은 맨날 노는 거지. 너, 그거 망언이다. 다른 아이들이 들으면, 너 욕을 바가지로 먹을걸."

슬기가 핀잔을 주었지만, 송이는 진지하기만 했다.

"정말 아니라니까."

"그럼 뭐하느라고 잠을 안 자?"

"실제로 시간이 없어서 그래요. 날마다 영어 학원에도 가야 하고, 일주일에 두 번은 피아노 레슨도 받아야 하고……."

"그래도 하루에 7~8시간은 자야 하지 않을까? 자는 동안 우리 기억도 뇌 속에 차근차근 저장되거든."

"저도 알아요. 장기 기억은 자는 동안에 형성된다는 거!"

갑자기 송이가 목소리를 높였다.

"하지만 정말로 시간이 없는 걸 어떡해요. 날마다 들어가 봐야 할 커뮤니티도 있고, 꼬박꼬박 읽어야 할 웹툰도 많잖아요. 게임도 할 줄 알아야 하고, 랩도 따라 부를 줄 알아야 해요. 공부하느라 잠을 안 자는 게 아니란 말이에요."

"지금도 전교 1등을 놓치지 않고, 게다가 학생회장도 하고 있다면서."

"그러니까 더 열심히 해야죠. 친구들이 공부만 잘한다고 학생회장을 시켜 주나요? 상식도 풍부하고 인간성도 좋아야 하고 리더십도 있어야 한단 말이에요. 그런데 저는 아직 멀었어요. 지금까지는 운이 좋아 버티고 있지만, 친구들이 진짜 내 모습을 알면 많이 실망할 거예요."

"누가 너한테 실망한다고 그래?"

슬기가 그럴 리 없다며 확신에 차서 말했지만 송이는 막무가내였다.

"너도 나를 잘 몰라서 하는 말이야."

신통이 휴, 한숨을 쉬더니 책상에 가서 비닐 파일을 하나 가져왔다. 그리고 내용물을 꺼내 송이에게 내밀었다.

"이게 뭐예요?"

"이건 내가 만든 간단한 심리 테스트야. 네가 어떤 유형의 사람인지 조금은 알 수 있을 거야."

송이는 머뭇거렸지만, 테스트 용지와 펜을 받아들고 빈 칸에 체크를 해 나갔다.

⊙ 당신에게 해당된다고 생각하는 항목에 체크하십시오.
너무 깊이 생각하실 필요는 없습니다.

1. 당신은 다른 사람의 비판을 잘 견디지 못합니다. 다른 사람이 당신을 비판하면 인신공격으로 느껴집니다. 당신은 자신의 실수를 좀처럼 인정하지 않습니다. (　　)

2. 당신은 실천보다는 계획 수립에 공을 더 많이 들이고, 앞장서는 대신 뒤에서 고민하기를 더 좋아합니다. (　　)

3. 당신은 자신의 사생활을 잘 드러내지 않고 남의 사생활에도 관심이 없습니다. 학교 밖에서 친구들과 어울리려 하지 않고, 학교 안팎의 모습이 다릅니다. (　　)

4. 당신은 자신의 단점이나 결점을 잘 인정하지 않습니다. 다른 사람의 실수를 너그럽게 받아들이지 못하며, 실수나 잘못을 저지르면 심하게 자책하는 편입니다. (　　)

5. 당신은 다른 사람과 협상이 필요할 때 자기 생각만 고집할 때가 많습니다. 다른 사람의 의견을 존중하기보다 그 사람의 결점을 찾으려고 애씁니다. (　　)

6. 당신은 지나치게 진지하다는 말을 많이 듣습니다. 다른 사람이 당신을 놀리면 과민하게 반응합니다. (　　)

7. 당신은 다른 사람들로부터 주목받기를 좋아하고 관심을 독차지하려 합니다. 남의 말을 잘 끊거나 자기에게 유리하게 써먹습니다. (　　)

8. 당신은 쉽게 자신의 의견을 드러내지 않습니다. 말과 행동을 소극적으로 하고 늘 다수의 견해를 따르는 경향이 있습니다. (　　)

송이가 펜을 바닥에 내려놓았다.

"이거 전부 제 이야기 같은데요? 무슨 테스트가 이래요?"

신통이 살짝 미소를 지었다.

"그렇게 생각하니? 실은 이 설문지는 테스트라기보다 한 가지 심리 유형의 여러 측면을 정리해 놓은 거야."

"모두 한 사람의 심리라고요? 그럼 저 같은 사람의 심리라는 뜻이네요? 어떤 심리 유형인데요?"

"내가 보기에 송이는 가면 증후군에 시달리고 있는 것 같구나."

송이는 신통을 빤히 바라만 보면서 말을 하지 못했다. 오히려 슬기가 더 큰 호기심을 보였다.

"가면 증후군? 그게 뭐야, 삼촌?"

"가면 증후군이란 충분한 실력을 갖춘 사람, 아주 총명한 사람이 느끼는 두려움의 일종이야. 가면 증후군을 겪는 사람들은 자신이 그 자리에 있을 자격이 없고 언젠간 가면이 벗겨져 자신의 정체가 드러날지도 모른다는 두려움에 휩싸이곤 하지. 아주 유능한 사람이면서도 자신에 대한 확신이 부족해서 스스로를 사기꾼으로 느끼기도 해. 그래서 가면 증후군을 '사기꾼 증후군'이라고도 하지."

"제가 사기꾼이라고요?"

송이가 발끈해서 말해 놓고, 금세 수긍했다.

"그 말이 맞을지도 몰라요. 저도 제가 친구들을 속이고 있다고 생각할 때가 많거든요. 모르면서도 아는 척, 없으면서도 있는 척……, 그래서 불안해 죽겠다니까요. 언제 들통날지 몰라서요."

송이가 고개를 푹 숙였다. 금방이라도 울음을 터뜨릴 것 같아 보였다. 신통이 당황해서 두 손을 내저었다.

"아니, 아니, 송이가 사기꾼이라는 말이 아니야. 가면 증후군에 시달리는 사람들이 스스로를 그렇게 느낀다는 거지. 진짜 사기꾼이라면 그런 생각을 하지도 않지. 오히려 남보다 정직하기 때문에 남을 속인다는 생각에 괴로워하는 거야."

신통이 열심히 설명했지만, 송이에게 위로가 되는 것 같지는 않았다.

"가면 증후군은 아주 많은 사람이 겪는 증후군이야. 10명 중에 7명이 가면 증후군으로 고생한 적이 있다는 연구 결과도 있어. 〈해리 포터〉 시리즈의 헤르미온느로 잘 알려진 배우 엠마 왓슨 알지? 엠마 왓슨이 한 미디어와의 인터뷰에서 이렇게 고백한 적이 있어. '내가 무언가를 더 잘 해낼수록 내가 무능력하다는 느낌이 더 커져요. 시간이 지나면 언젠가 사람들이 나의 무능력함을 알게 될 것 같고, 내가 이뤄낸 것들을 하나도 인정받지 못하게 될 것 같아요. 나는 사람들이 나에게 기대하는 모습으로 살 수 없을 것 같아요.'"

송이가 푸후 한숨을 쉬었다. 슬기가 송이 손을 잡았다.

"삼촌, 어른이 되면 점차 나아지는 거지? 어릴 때나 가면 증후군에 시달리는 거 아니야?"

"어렸을 때만 가면 증후군을 겪는 건 아니야. 얼마 전에 알게 된 사실인데, 내가 알고 있는 한 대기업 임원도 가면 증후군에 시달리고 있었어. 이 사람은 우수한 성적으로 대학교를 졸업하고 누구나 부러워할 만한 대기업에 취직했지. 입사한 이후에도 열심히 일을 해서 능력을 인정받아 동기들에 비해 승진도 빨랐어. 젊은 나이에 직장인이라면 모두가 선망하는 임원이 되었어. 그런데 자신의 노력과 실력으로 지금의 위치에 올랐으면서도, 이 사람은 늘 불안하고 두려웠어."

송이가 이해가 간다는 듯이 고개를 끄덕끄덕했다.

"나랑 똑같네. 실력과 노력 덕분이 아니라, 운이 좋아서 임원이 되었다고 생각한 거야. 제 심정이 바로 그렇다고요. '내가 학생회장 자격이 없다는 것을 알면 어떡하지? 언젠가는 아이들에게 무능력한 내 진짜 모습이 탄로 날 거야. 아이들이 마음속으로는 내가 학생회장 자격이 없다고 생각하고 있을지도 몰라.' 하는 생각 때문에 불안해요."

"아니라니까 그러네. 네가 충분한 자격을 갖고 있다는 것은 나부터도 잘 알고 있어."

슬기가 송이 어깨를 토닥이고는 신통에게 물었다.

"가면 증후군이라는 건 도대체 왜 생기는 거야? 유능하고 똑똑한 사람들이 스스로를 못살게 구는 증후군이잖아."

"인간이 스스로를 보호하기 위해서 생긴다고 봐야겠지. 경쟁에서 반드시 이겨야겠다는 생각, 모든 사람으로부터 인정받고 사랑받고 싶은 마음에서 생기는 거라고 할 수 있어. 이런 마음이 너무 강해서 그럴 거야. 실제로 경쟁에서 지거나 친구들로부터 버림받을 것에 대비해 가면 증후군을 만들어 내는 걸 수도 있어. 나는 원래 그렇게 실력이 뛰어나지 않아, 머리도 그다지 좋지 않아. 나는 사랑받기에는 부족한 아이야. 이렇게 합리화를 해야 실패했을 때 마음이 더 편해질 테니까."

슬기가 이마에 잔뜩 주름을 잡았다.

"삼촌, 가면 증후군을 이겨 낼 방법은 없어?"

"먼저, 자기가 무능력하다는 생각, 자기는 자격이 없다는 생각을 떨쳐 버려야 해. '그래, 무능력하다는 생각도 들지만, 그렇다고 내가 나쁜 학생회장은 아니잖아?' 이렇게 긍정적인 말을 스스로에게 던지는 것도 방법이 될 수 있지. 다음으로 자기가 어떻게 노력해 왔는지 자세히 관찰해 볼 필요가 있어. 자신의 노력에 대해 어떤 보상을 받았는지, 그 보상이 어느 지점부터 불안감으로 변했는지 알아보는 거야. 여기에서 중요한 것은 자신의 장점과 강점을 이해하는 거지. 가장 중요한 것은 역시 자기 자신을 사랑할 수 있어야 해. 가면 증후군에 빠진 사람들은 다른 사람보다 자기 스스로에게 훨씬 엄격한 경우가 많아. 상황을 냉정하고 객관적으로 보는 것도 도움이 될 거야. 자기 자신에게 문제가 있다고 생각되면 그때마다 '내 친구라면 이런 상황에서 어떻게 했을까?'라고 물어보는 거야. 그러면 다른 친구들보다 자기 자신이 훨씬 더 잘 대처하고 있다는 생각이 들 거야. 송이처럼 현명한 아이들이라면 당연히 그럴 테니까."

슬기가 다시 한 번 송이의 어깨를 토닥였다. 신통은 송이가 살짝 미소 짓는 것을 본 것도 같았다.

가면 증후군

지금은 모르는 것도 아는 체하면서 버티고 있지만 언젠가는 내 실력이 다 드러날 것이라는 불안감. 나는 자격이 없는데 주위 사람들을 속여서 이 자리까지 오게 되었다고 생각하는 불안감. 사회적으로 존경받는 지위에 올랐으면서도 '이것은 나의 참모습이 아니다. 언젠가는 가면이 벗겨질 것이다.'라고 생각하는 두려움. 충분한 실력도 없고 자격도 없는 자신의 가면이 언젠가는 벗겨질 것이라고 믿고 가면이 벗겨질 순간에 대비해 충격을 피해 보려고 마음속으로 미리 '자기는 무능력한 사기꾼'이라고 고백하는 이상한 심리. 이 모든 것을 **'가면 증후군'** 또는 **'사기꾼 증후군'**이라고 한다. 1978년 미국 조지아 주립대학교의 심리학자 폴린 클랜스와 수잔 임스가 대학 신입생과 저명한 위치에 있는 사람들을 집중적으로 인터뷰한 다음, 이 현상에 붙인 이름이다.

가면 증후군을 겪는 사람들은 스스로를 '가면을 쓴 사기꾼'이라고 생각하기 때문에 객관적 결과나 사람들의 평가에는 관심이 없다. 좋은 실적을 내서 주위의 인정을 받고서도 '내 실력이 아니라 운이 좋아 그렇게 된 것뿐이야. 언젠가는 진짜 내 정체가 발각될지도 몰라.'라고 생각한다. 그래서 실패하지 않으려고 남보다 몇 배 더 노력을 한다. 그러고도 실패할 때를 대비해

'원래 나는 실력이 없었는데, 뭐. 당연한 결과지.'라고 마음의 준비도 해놓는다. 결국 가면 증후군이란 자기의 자존심을 지키기 위한 방어 본능이다.

능력이 부족한 사람들에게도 가면 증후군은 찾아온다. 어떤 사람들은 처음부터 자신은 그럴 자격이 없다고 결론짓고, 어려운 일에는 도전조차 하지 않는다. 시키는 일만 하고 오로지 안전한 인생을 목표로 살아간다. 누군가 호감을 가지고 자신에게 다가오면 자꾸 뒤로 물러서서 깊은 관계를 피하는 연애 능력이 떨어지는 사람도 있다. 자신을 알게 되면 결국 실망하고 떠날 것이라는 두려움을 가지고 있기 때문이다.

여성들 가운데 단 4퍼센트만이 스스로를 아름답다고 생각하고 96퍼센트는 스스로를 아름답지 않다고 생각한다고 한다. 2013년 도브는 '리얼 뷰티 스케치'라는 광고 동영상을 공개했다. FBI의 몽타주 전문가가 7명의 여성을 대상으로 얼굴을 보지 않고 몽타주를 그렸다. 한 번은 여성이 자신의 얼굴을 묘사하는 것을 듣고 그리고, 다른 한 번은 다른 사람이 그 여성의 얼굴을 묘사하는 것을 듣고 그렸다. 두 그림을 보여 주었을 때, 주인공들은 하나같이 놀랐다. 자신이 묘사한 자신의 얼굴보다 다른 사람들이 묘사한 자신의 얼굴이 더 아름다웠기 때문이다. 이 동영상 광고는 '당신은 당신이 생각하는 것보다 더 아름답습니다.'라는 메시지로 끝을 맺고 있다. 이 동영상은 유튜브를 통해 1억 번 이상 재생되었고, 이 광고로 도브는 칸 국제 광고제에서 그랑프리를 받았다.

가면 증후군을 가진 사람들도 마찬가지다. 그들은 다른 사람이 자신을 어떻게 생각하는지 모른다. 그러고는 오직 자신이 생각하는 왜곡된 모습만 이 진실이라고 믿는다. 가면 증후군에서 벗어나려면 '나는 내 생각보다 더 괜찮은 사람이야. 내 생각보다 더 자격 있는 사람이야.'라고 생각해야 한다. 또, 다른 사람들이 자신에 대해 긍정적 평가를 하면 있는 그대로 받아들일 필요가 있다.

내털리 포트먼이 겪은 '가면 증후군'

내털리 포트먼은 프랑스 뤽 베송 감독의 영화 〈레옹〉으로 데뷔했다. 그 후 〈스타 워즈〉 시리즈를 거쳐 〈클로저〉로 아카데미상 여우조연상 후보에 올랐고, 〈블랙 스완〉으로 아카데미상 여우주연상을 받은 배우이다. 그런가 하면 〈스타 워즈〉 시리즈를 찍는 동안 하버드 대학교 심리학과를 졸업한 수재이기도 하다. 6개 국어를 술술 한다고 하니 놀라울 따름이다.

2003년 하버드 대학교를 졸업한 내털리는 2015년 하버드 대학교 졸업식에 초청받아 연설을 하게 되었다. 내털리는 이 자리에서 "졸업한 지 12년이 지났는데도 나는 지금도 내 자신이 가치가 있는지 의심스럽습니다."라면서 자신이 과거에 받았던 스트레스에 대해 솔직히 털어놓았다.

"지금 느낌은 1999년 내가 하버드에 입학했을 때의 느낌과 아주 비슷해요. 나는 이 집단에 속할 만큼 똑똑하지 못했기 때문에 '뭔가 실수가 있었던 것 아닌가?'라는 생각을 했어요. 그래서 입을 열 때마다 그저 '멍청한 여배우'가 아니라는 사실을 증명하려고 했지요. 11살 때부터 연기를 시작했지만 연기는 너무 시시하고 의미 없는 일이라고만 생각했어요. 나는 사람들이 나를 진지하게 받아들이는 것을 아주 중요하게 생각했어요. 그래서 일부러 신경 심리학이나 히브리 문학 같은 어려운 수업을 들었지요."

* 내털리 포트먼의 영화 〈블랙 스완〉 포스터

『워싱턴포스트』는 "내털리 포트먼도 다른 하버드대 학생들처럼 '가면 증후군'을 겪었다."고 전했다.

"공포는 여러 방식으로 우리를 보호하지요. 나는 그 공포에 뛰어들었고 시도할 수 없었던 일들을 시도했어요. 경험이 부족하다는 것을 받아들였지요. 덕분에 독창적이고 관습에 얽매이지 않는 방식으로 생각할 수 있었답니다. 인간관계가 가장 중요합니다. 뻔한 이야기지만, 다른 사람을 돕는 것이 결국 나 자신을 돕는 것이거든요. 다른 사람의 삶을 돌아보면 내가 우주의 중심이 아니라는 것을 깨닫게 됩니다."

내털리 포트먼은 가면을 벗고 진실하게 다른 사람을 대하면서 가면 증후군을 극복한 것이다.

3-4
사소한 차이가 가져다주는 것
깨진 유리창의 법칙

오늘은 심통 클럽의 모임이 있는 날.

"얼른 가자. 늦겠다."

방통이 재킷에 팔을 끼워 넣으면서 신통에게 말했다. 신통은 쓰던 글을 컴퓨터에 저장하고 열린 창들을 닫느라 이것저것 클릭하고 있었다.

"아이참, 바쁜데 저장이 잘 안 되네. 컴퓨터 한번 밀어야 하나?"

신통이 겨우 마무리를 하고 옷과 가방을 챙겼다.

두 사람이 교실에 들어서자, 아이들이 한꺼번에 인사를 했다.

"어섭쇼!"

까불이 용이가 식당 종업원 흉내를 냈다.

"오늘은 지각이시네요?"

뚱이가 싱글거리며 인사를 했다. 그 말에 신통과 방통이 동시에 시계를 들여다보았다. 5분 지각.

"늦어서 미안. 컴퓨터가 말썽이라서 말이야."

"씽씽 잘 돌아가는 놈으로 하나 장만하세요."

컴퓨터라면 일가견이 있는 훈이가 한마디 했다. 신통이 씩 웃고는 아이들을 둘러봤다.

"민서는 안 왔니?"

"민서는 원래 늦게 오잖아요."

"지각대장이에요. 지금도 선생님한테 혼나고 있을걸요."

"맞아. 민서 담임 선생님은 지각이라면 딱 질색이신데."

"그래? 민서가 지각을 그렇게 많이 해?"

신통이 아이들이 하는 말을 듣고 물어보는 순간, 민서가 교실에 들어섰다.

"안녕하세요?"

숨이 차는지 민서가 헉헉거리며 인사를 했다. 늦어서 뛰어온 모양이었다.

"그래. 어서 와."

신통은 자기보다 늦은 사람이 있어서 다행이라고 생각하면서 미소로 맞았다. 민서가 자리에 앉아 숨을 고르고 나자, 신통이 물었다.

"선생님한테 혼나고 오는 길이니?"

민서는 깜짝 놀라 친구들을 둘러보았다. 눈매가 곱지 않은 것이 '너희들이 일렀구나.' 하고 원망하는 눈치였다.

"아뇨, 혼나기는요."

민서가 둘러대자 아이들이 킥킥거렸다. 민서가 다시 친구들을 째려보다가 신통 쪽을 보고 말했다.

"제가 가끔 지각하는 건 맞는데요, 우리 담탱, 아니 담임 선생님은 너무해요. 아니, 좀 이상해요. 다른 것은 잘못해도 아무 말도 안 하시면서 지각을 하면 너무 심하게 혼내세요. 지각 좀 해도 공부만 잘하면 되는 거 아닌가요?"

"맞아. 너무 심하셔."

"지각하는 아이들은 아침 조회 시간 내내 교실 뒤에 서 있으라고 하신다니까요."

"그래, 나도 자주 봤어. 쯧쯧, 불쌍한 녀석들."

다른 반 아이들이 너도나도 말을 보탰다. 가만히 듣고 있던 신통이 말했다.

"그런데 나는 너희 담임 선생님이 왜 그러시는지 알 것 같은

데.”

민서는 그 이유가 궁금해 눈을 동그랗게 뜨고 다음 이야기를 기다렸다. 신통이 일어서서 재킷을 벗어 의자 뒤에 걸고는 다시 자리에 앉았다.

“내가 가끔 가는 카페가 있어. 일 년쯤 전에 문을 연 카페야. 주인이 일부러 한쪽 벽을 하얀색 그대로 놔둔 거야. 그림이나 사진 같은 장식물 하나 걸지 않고 말이야. 바빠서 한동안 못 갔어. 한 달쯤 뒤에 갔더니 그 하얀 벽에 온통 낙서가 되어 있더라고. 주인에게 어찌 된 일이냐고 물어봤지. 한 손님이 벽에 ‘시작은 언제나 힘들다.’라고 낙서를 했다는 거야. 주인은 ‘누가 이런 낙서를 했지? 크게 써 있지도 않은데 괜찮겠지.’ 하고 그냥 뒀대. 대수롭지 않게 생각하고 넘어간 거지. 그 이후로 손님들이 벽에다 이런저런 글을 쓰고 그림을 그리는 바람에 일주일 만에 벽이 낙서투성이가 됐다는 거야.”

신통이 여기까지 말하고 아이들을 둘러보자, 아이들도 이해가 간다는 듯이 고개를 끄덕였다. 게임광 현이가 말했다.

“꼭 우리 동네 피시방 이야기 같은데요. 그 피시방도 낙서투성인데.”

“저도 그런 일을 겪은 적이 있어요.”

영어 잘하는 훈이가 손을 들었다.

"지난여름에 영어 캠프에서 래프팅을 갔거든요. 한참 노를 저어 가며 보트를 타다가 중간에 쉬어 가게 되었어요. 그 위쪽 언덕에 작은 매점이 있어서 아이들이 그곳에서 초콜릿, 아이스크림을 사서 먹으면서 내려왔어요. 그런데 보트를 다시 타려고 강으로 내려가는데, 가는 길에 쓰레기통이 하나도 없는 거예요. 다들 어쩔 줄 몰라서 손에 포장지를 들고 있었는데, 누군가 바위틈에 껌 종이를 버렸더라고요. 그러니까 아이들이 하나둘 그곳에 쓰레기를 버리기 시작했어요. 결국에 쓰레기를 다 그곳에 버렸지요."

"나 같아도 그러겠네."

옆에 앉아 있던 엽이가 말하자, 훈이가 엽이에게 주먹을 내밀었다. 엽이도 주먹을 내밀어 훈이 주먹에 부딪쳤다. 동의해 줘서 고맙다는 뜻.

훈이의 이야기를 듣고 신통이 말했다.

"훈이가 아주 좋은 사례를 말해 줬구나. 바위틈에 아무도 쓰레기를 버리지 않아서 언덕이 깨끗했다면 캠프에 참가한 친구들도 쓰레기를 버리지 않았겠지. 내가 말한 카페나 현이가 말한 피시방 벽도 아무도 낙서를 하지 않았다면 지금까지 깨끗했을 거야. 이처럼 처음에는 사소하게 시작한 일이지만, 나중에는 아주 큰 일이 벌어지게 되는 것을 '깨진 유리창의 법칙'이라고 해."

"깨진 유리창의 법칙이요? 왜 그런 이름이 붙었어요?"

뚱이가 뭔가를 입에 넣고 오물거리면서 물었다.

"어느 동네에 비어 있는 건물이 하나 있어. 어느 날, 누군가가 돌을 던져 유리창이 하나 깨졌어. 건물 주인은 어차피 팔거나 빌려주려고 내놓은 건물이라 귀찮아서 깨진 유리창을 그대로 뒀어. 그럼 어떻게 되겠니?"

"다른 사람들도 돌을 던져서 다른 유리창을 깨겠지요. 재밌잖아요."

역시 핵앤드슬래시 게임을 좋아하는 현이답게 곧바로 답이 나왔다.

"그렇겠지? 유리창이 깨져 있는데도 그대로 내버려두면 그 건물 옆을 지나가는 사람들은 깨진 창문을 보고 '이 집은 관리하는 사람이 없다.'라고 생각하게 되겠지. 그러면 사람들이 다른 유리창도 깨 버릴 테고, 그 건물은 못 쓰는 건물이 되어 버릴 거야. 그런 건물이 있으면 깨끗하고 안전한 동네라고 생각하기 힘들겠지. 다시 말해 낙서, 무질서, 쓰레기 버리기 같은 비교적 사소한 문제들이 더 크고 심각한 문제를 가져온다는 거야. 이런 법칙을 미국의 범죄학자 제임스 윌슨과 조지 켈링이 '깨진 유리창의 법칙'이라고 이름 붙인 거야."

아이들은 흥미로워하며 고개를 끄덕였지만, 민서만은 미간에 주름을 잡았다.

"그럼…… 제가 지금은 지각 같은 사소한 잘못을 하지만, 나중에는 더 큰 잘못을 하게 된다는 건가요?"

신통이 깜짝 놀라 두 손을 황급히 저었다.

"아니, 아니. 그건 아니고……. 너희 담임 선생님은 긍정적인 방향으로 생각을 하셨겠지. 더 잘하라는 뜻으로."

신통은 당황스러운지 물을 한 모금 마셨다.

"이런 일이 있었어. 역시 미국 이야기인데, 1980년대 뉴욕의 지하철은 아주 소름끼치는 곳이었대. 지하철 역사와 열차는 온통 낙서로 도배가 되어 있었고, 돈도 내지 않고 지하철을 타는 사람이 하루에 25만 명이 넘었지. 돈을 내려고 해도 동전을 넣는 투입구가 막혀 있었고, 그 옆에서는 돈을 구걸하는 사람이 버티고 서 있었어. 더 심각한 것은 지하철 어딘가에서 날이면 날마다 총이 발사되었지. 살인이나 강도 같은 강력 범죄가 1년에 1만 5천 건이나 일어났단다. 뉴욕시에서는 경찰이란 경찰은 모두 동원해서 범죄를 단속했지만, 아무런 소용이 없었대."

"우아, 지독했군요."

"무서워서 어떻게 살아?"

아이들이 몸을 흠칫 떨었다. 신통은 아이들이 조용해지길 기다렸다가 말을 이었다.

"1980년대 중반, 뉴욕시는 이 문제를 해결하기 위해 켈링 박사를 지하철 고문으로 고용했어. 깨진 유리창의 법칙을 제창한 켈링 박사는 '작은 일부터 실천에 옮겨야 해요. 지하철의 낙서부터 지우세요.'라고 말했지."

"낙서를 지운다고 범죄가 막아질 것 같지 않은데요."

"민서의 말도 맞아. 켈링 박사의 말을 듣고 지하철에서 일하는 사람들은 고개를 저었지. '살인과 강도가 판치는 마당에 낙서를 지우는 일이 무슨 소용이 있겠어? 지금 지하철 자체가 없어질 지경인데 낙서나 지우라니, 이건 빙산 쪽으로 머리를 향하고 충돌 직전에 있는 타이타닉호 갑판을 청소하는 것과 마찬가지야.' 이러면서 콧방귀를 뀌었지. 하지만 지하철역 소장인 데이비드 건은 켈링과 생각이 같았어. 건은 '낙서와의 싸움에서 이겨야 합니다. 그러지 않으면 아무런 변화도 생기지 않을 거예요.'라며 낙서 전담반을 설치했어. 그리고 낙서 지우기가 시작되었지."

이야기를 듣고 있던 아이들이 신통을 뚫어져라 쳐다보며 합창했다.

"그래서요?"

"건은 지하철 종착역에 청소역을 세웠어. 낙서된 열차가 들어오면 낙서를 지우는 동안 다른 열차를 보냈지. 낙서를 지우지 않은 지저분한 열차는 절대 운행시키지 않았어. 그러자 놀라운 일이 벌어졌어. 낙서를 지우기 시작한 지 90일 만에 범죄 발생 건수가 줄어들기 시작해서 1년 후에는 30~40퍼센트가 줄고, 2년 후에는 절반 넘게 줄어든 거야. 그리고 3년 후에는 80퍼센트가 줄어들었어. 악명 높았던 뉴욕의 지하철이 사소한 낙서 지우기 덕분에 깨끗하고 안전한 지하철로 탈바꿈한 거지."

"야, 대단하다!"

"지하철이 깨끗해지니까 범죄자들이 왠지 다니기가 껄끄러워졌을 것 같아."

아이들이 탄성을 질렀다. 민서가 말했다.

"지각을 하지 않는 사소한 습관이 큰 결과를 가져올 수 있다, 이거네요?"

"바로 그거지! 담임 선생님도 분명히 깨진 유리창의 법칙의 힘을 믿고 계실 거야. 지각은 사소한 문제처럼 보이지만, 그런 사소한 규칙을 잘 지켜야 중요한 규칙도 잘 지키는 바른 사람이 될 거라고 생각하시는 거지. 물론 공부도 더 잘하고 말이야."

민서의 오해를 푼 것 같아 마음이 편해진 신통은 다른 예를 설명했다.

"깨진 유리창의 법칙이 범죄에서만 나타나는 건 아니야. 너희들, 지구 온난화에 대해 알고 있지?"

"예!"

아이들이 입을 모아 소리를 질렀다. 신통이 짐짓 깜짝 놀라는 체했다.

"깜짝이야. 다들 잘 알고 있다는 뜻이네. 그럼 지구 온난화가 일으킨 현상에 대해서 말해 볼래?"

전교 1, 2등을 다투는 훈이가 스타트를 끊었다.

"지구가 따뜻해지는 현상을 지구 온난화라고 해요. 지구 온난화 현상으로 북극의 얼음이 녹아내려 50년 안에 북극곰의 절반이 사라질 위기에 처했어요. 남극의 주인, 황제펭귄도 마찬가지예요. 지난 50년 동안 황제펭귄의 수가 절반 가까이 줄었대요."

질 수 없다는 듯, 뚱이도 나섰다.

"동물뿐만이 아니에요. 지난번에 텔레비전에서 봤는데, 바닷물의 높이가 높아져서 섬들이 사라지고 있대요. 2100년에는 몰디브에 사람이 살 수 없다고 들었어요. 사막화가 빠르게 진행돼서 몽골 같은 곳은 국토의 97퍼센트가 사막이 되었어요. 몽골의 유목민이 삶의 터전을 잃은 거예요."

"다들 잘 알고 있구나. 그럼 지구가 그동안 얼마나 따뜻해졌는지는 알고 있니? 지난 100년 동안 지구의 연평균 기온이 얼마나 올랐을까?"

아이들이 갑자기 입을 다물었다. SF 영화를 좋아하는 엽이가 말했다.

"5도쯤 오르지 않았을까요? 그렇게 많이 얼음을 녹이려면 그 정도는 돼야 하지 않을까요? 아니면 10도?"

"에이, 10도는 너무했다!"

아이들이 엽이에게 핀잔을 주었다. 신통이 천천히 고개를 저었다.

"놀라지 마. 지난 100년 동안 상승한 지구의 연평균 기온은 겨우 0.74도야."

"예? 정말요?"

"에이, 말도 안 돼!"

신통이 오른손을 들면서 아이들을 달랬다.

"정말이야. 1도도 안 되는 사소한 차이가 이토록 엄청난 재앙을 불러온 거지. 사소한 차이가 심각한 결과를 가져온다는 '깨진 유리창의 법칙'이라고 할 수 있겠지?"

갑자기 신통이 벌떡 일어서더니, 화이트보드 앞으로 다가갔다. 그러더니 마커를 들고 보드에 썼다.

'100-1=?'

"이 수식의 답이 뭘까?"

아이들이 모두 같잖다는 듯이 대답은 않고 입을 내밀었다. 참을성 없는 용이가 말했다.

"설마 99는 아니겠지요?"

신통이 머리를 긁었다. 그러고는 물음표를 지우고 0을 써넣었다.

"별거 아닌데 내가 괜히 폼을 잡았나? 이 수식의 답은 이거야."

'100-1=0'

아이들은 무슨 뜻인지 알겠다는 듯이 고개를 끄덕였다. 민서가 다시 나섰다.

"사소한 차이가 큰 결과를 낳는다는 거잖아요. 저도 앞으로는 지각하는 버릇부터 고쳐야겠어요."

그러자 엽이가 민서를 두둔하고 나섰다.

"너무 그러지 마. 선생님도 오늘 지각하셨어."

'그래?' 하는 표정으로 민서가 신통을 보았다. 신통이 겸연쩍은 표정으로 웃었다.

"맞아. 나도 오늘 지각했어. 뭐, 가끔 지각도 할 수 있는 거 아니니?"

아이들이 한꺼번에 소리를 질렀다.

"에이, 뭐 그래요? 앞뒤가 다르잖아요!"

"아, 알았어. 그 벌로 오늘 간식은 내가 쏜다. 나가자!"

"야, 신난다. 앞으로 계속 지각하세요, 선생님!"

아이들이 우르르 교실 밖으로 몰려나갔다.

깨진 유리창의 법칙

1969년 미국 스탠퍼드 대학교의 심리학 교수인 필립 짐바르도가 실험을 하나 했다. 뉴욕 대학교 캠퍼스의 건너편과 스탠퍼드 대학교 건너편에 보닛을 열고 번호판을 없앤 값비싸 보이는 자동차를 한 대씩 놓아두었다. 다만, 뉴욕 대학교 쪽 자동차는 유리창 하나를 깨뜨려 놓았다.

어떤 일이 생겼을까? 뉴욕 대학교 쪽에 있던 자동차를 보고, 차를 타고 가던 사람이나 걸어가던 사람들이 멈추더니 돈이 될 만한 것은 무엇이든 떼어 가 버렸다. 차에서 가져갈 만한 것이 없어지자, 사람들은 자동차를 두드려 부수기 시작했다.

스탠퍼드 대학교 쪽에 둔 자동차는 일주일이 지나도록 아무도 건드리는 사람이 없었다. 차를 타고 가는 사람이든, 걸어가는 사람이든 이 자동차를 쳐다보기만 했지 아무도 손가락 하나 대지 않았다. 심지어 어떤 사람은 열려 있는 보닛을 닫아 주기까지 했다.

사람들은 보닛이 열려 있고 번호판도 없었지만, 깨끗하고 멀쩡해 보이는 자동차에는 손을 대지 않았다. 근처에 주인이 있을 거라고 생각한 것이다. 그러나 유리창 하나가 깨진 자동차는 버려진 자동차라고 생각하고 물건을 훔쳐 가고 자동차를 때려 부수어 형체를 알아볼 수 없게 만들었다. 이처럼 사소한 차이가 심각한 결과를 가져온다는 것을 깨진 유리창의 법칙이라고 한다.

1982년 미국의 범죄학자인 제임스 윌슨과 조지 켈링은 이 실험 결과를 범죄학에 도입해 큰 주목을 받았다. 뉴욕시는 이 법칙을 활용하여 지하철의 낙서, 무임승차, '차닦이 앵벌이'처럼 '깨진 유리창' 같은 각종 사소한 범죄를 단속하기 시작했다. 그 결과 강력 범죄의 발생 건수가 급격히 줄어들어 범죄 도시 뉴욕이라는 오명을 지우는 데 성공했다.

어떤 경우든 사소한 차이라고 가볍게 넘기면 안 된다. 그 사소한 차이가 우리에게 어떤 결과를 가져올지 정말이지 알 수 없는 일이다.

사소한 차이가 가져다 준 행운

1950년대에 미국과 소련은 모든 분야에서 치열한 경쟁을 벌였다. 우주 개척도 예외가 아니었다. 두 나라는 상대방보다 먼저 우주로 나가려고 피나는 노력을 했다.

1957년 10월 4일, 소련은 세계가 깜짝 놀랄 만한 발표를 했다. 인공위성 스푸트니크 1호를 우주로 쏘아 보내 지구 궤도에 올려놓는 데 성공한 것이다. 11월 3일, 스푸트니크 2호를 발사했다. 그 안에는 '라이카'라는 개까지 한 마리 타고 있었다. 소련이 최초로 우주에 생명체를 내보낸 것이다.

* 최초의 우주인, 유리 가가린

4년이 흐른 1961년 4월 12일, 소련은 또 한 차례 놀라운 소식을 전 세계에 알렸다. 인류 역사상 처음으로 사람을 태운 우주선 보스토크 1호를 발사했다는 것이었다. 보스토크 1호를 타고 89분 동안 지구를 한 바퀴 돌고 무사히 돌아온 최초의 우주인은 유리 가가린이었다. 그가 '최초의 우주인'이 될 수 있었던 까닭은 사소한 행동 하나 덕분이었다.

항공 학교를 졸업한 뒤 공군이 된 유리는 보스토크 1호를 타고 우주로 떠날 비행사를 뽑는다는 소식을 듣고 지원했다. 지원자는 모두 20명. 탑승자를 최종 결정하기 일주일 전, 20명의 지원자들에게 보스토크 1호에 직접 타 볼 기회가 주어졌다. 지원자들이 하나둘 차례로 우주선에 오르고 유리도 떨리는 마음으로 보스토크 1호에 올랐다.

이때 보스토크 1호를 설계한 엔지니어 세르게이 코롤료프의 시선을 끄는 것이 있었다. 다른 지원자들은 모두 신발을 신고 있었는데 유리만은 양말을 신고 있었다. 신발을 벗고 우주선에 오른 것이었다. 그것이 유리가 보스토크 1호를 타는 최초의 우주인이 된 이유였다.

세르게이는 이렇게 말했다.

"양말만 신고 있는 가가린의 모습에서 신뢰감이 느껴졌어요. 그가 이 우주선을 얼마나 소중하게 생각하고 있는지 알 수 있었지요."

우주선에 오를 때, 신발을 벗었다는 너무나 사소한 행동 하나. 이 사소한 행동이 27살의 청년 유리 가가린을 역사에 길이 남을 최초의 우주인으로 만들었다.

4장
불안을 못 이기는
본능

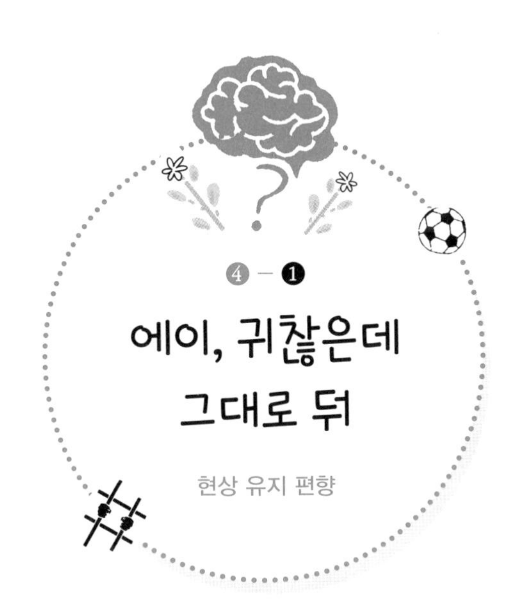

4-1

에이, 귀찮은데 그대로 둬

현상 유지 편향

“안녕, 삼촌들?”

“슬기 왔구나. 어서 와.”

방통이 슬기를 반갑게 맞았다. 신통도 한 손을 번쩍 들어 조카를 반겼다.

“오랜만이다. 어떻게 지냈어?”

“요즘 영화 동아리에서 영화를 만들고 있거든. 그래서 좀 바빠. 곧 시험도 다가오고.”

뭔가 마음에 안 드는지 슬기가 입을 뾰족하게 내밀었다.

"바쁘다면서 어쩐 일이야?"

방통이 주방에 서서 슬기에게 물었다.

"그냥 오면 안 돼?"

"아, 아니. 그럴 리가."

방통이 얼른 손사래를 쳤다.

"실은 약속 시간이 좀 남기도 하고, 그거 마시고 싶어서 왔어, 방통 삼촌."

"뭐?"

"초콜릿 맛 나는 탄산수 음료 있잖아."

"아, 카카오 피즈. 잠깐만 기다려."

신통이 슬기를 찬찬히 보는데, 슬기는 아랑곳하지 않고 가방에서 뭔가를 꺼내 탁자 위에 던져 놓는다. 패션 잡지였다.

"이 잡지 이제 그만 보고 싶은데, 자꾸 오니까 버릴 수도 없고."

"그만 보겠다고 해지 신청을 하지 그러니?"

신통의 말에 슬기가 입맛을 다셨다.

"그래야 하는데…… 자꾸 잊어먹네. 전화 걸기가 귀찮기도 하고. 학교에서는 전화나 인터넷하기가 힘들어서 집에서 구독 중단한다고 메일 보내야지 하다가도 또 잊어먹고."

방통이 칵테일을 탁자 위에 놓으면서 한마디 했다.

"완전 귀차니즘이구만."

"맞아, 삼촌. 귀차니즘. 그래도 그렇지. 이 사람들이 일 년 구독했으면 계속해서 볼 건지 물어보고 보내야 하는 거 아니야? 아무 말도 안 하니까 계속해서 보내는 거야."

신통이 잡지를 들어 건성으로 휘리릭 훑어보았다.

"약관을 보면 '구독을 중단하겠다고 구두나 메일로 알리지 않으면 자동으로 1년씩 연장된다.'는 문구가 쓰여 있을 거야. 현상 유지 편향을 이용한 마케팅 수법이지. 요즘 기업들이 심리학을 아주 자기들 좋을 대로만 써 먹는다니까."

슬기가 카카오 피즈를 마시며 물었다.

"현상 유지 편향? 그게 뭔데, 삼촌?"

"어떤 의사 결정을 할 때 현재 상태를 그대로 유지하려는 경향이 있는데, 그것을 현상 유지 편향이라고 해. 예를 들어, 직장인들은 현재 다니고 있는 직장이 야근을 너무 많이 한다, 자기 적성에 안 맞는다, 상사가 너무 못되게 군다 등 회사에 대한 불만으로 가득 차 있으면서도 새 직장을 찾아보기는 꺼려해. 회사가 마음에 들지 않는다면서 계속 그 회사에 다니는 사람들이 많아. 다른 직장에서 더 높은 연봉을 주겠다, 더 높은 직위를 주겠다고 해도 이직에 대해서 망설이는 사람이 많지."

"그런 것이 현상 유지 편향이야? 내가 늘 시키는 치킨 집에서 치킨을 시키는 것도 현상 유지 편향이겠네? 다음에는 다른 브랜드 치킨도 시켜 먹어 봐야지, 하고 생각해도 막상 치킨을 시킬 때는 단골 치킨 집에서 시키거든. 메뉴도 늘 먹는 간장 소스만 시키게 돼."

"슬기가 예를 정확하게 들었네. 사랑이 식어 버렸는데도 옛 연인과 헤어지지 못하는 것을 현상 유지 편향 때문이라고 설명하는 학자들도 있어."

"내 친구 중에도 남자 친구가 못되게 구는데도 헤어지지 못하는 애가 있어."

"이유가 뭐라던?"

"이러저런 이유는 많아. 그런데 난 알지. 남자 친구랑 헤어지면 슬퍼서 견디기 힘들 것 같으니까 그런 것 같아. 새로운 남자 친구를 사귄다고 해도 지금 남자 친구보다 낫다는 보장도 없고."

"바로 그거야. 사람들은 현재 상태를 바꿨다가 상황이 더 나빠지면 어쩌나 걱정하기 때문에 현재 상태를 유지하려고 하는 거야. 지금 좀 불편하고' 마음에 안 들지만, 괜히 바꿨다가 상황이 더 나빠지면 억울할 것 같은 거지. 게다가 지금의 남자 친구나 직장을 바꿔야 한다면 자기가 잘못 선택했다는 것을 인정하는 셈이거든. 자기가 그만큼 멍청한 짓을 했다는 것을 인정하는 거지. 그래서 사람들은 현상 유지를 하면서 자기는 그렇게 어리석은 사람이 아니라고 합리화를 하는 거야."

"자기가 잘못 선택했다는 것을 인정하지 않는 게 더 멍청한 짓 같은데?"

슬기가 콧방귀를 뀌었다.

"어쨌든 사람들은 지금의 조건을 바꾸는 것을 아주아주 싫어해. 따지고 보면 귀찮아하는 거지. 그래서 처음에 선택한 것이 자기에게 손해를 끼치더라도 그대로 놔두는 경향이 있어. 네가 보지도 않는 잡지를 계속해서 받아 보는 것처럼. 그러니까 귀차니즘도 현상 유지 편향의 일종이지."

방통도 할 얘기가 있다는 듯 자리를 잡고 앉았다.

"나도 현상 유지 편향인지 뭔지 때문에 한 달에 한 번씩 짜증이 나."

"삼촌은 왜?"

"저번에 휴대폰 바꿀 때, 석 달 동안은 무료라고 해서 몇 가지 부가 서비스에 가입했거든. 석 달 지나서 괜찮으면 계속 사용하고 그렇지 않으면 해지하면 된다고 해서. 이용할 일이 별로 없는데도 해지하기 귀찮아서 쓰지도 않는 부가 서비스 비용을 내고 있어. 벌써 2년 넘게 매달 2천 원 넘게 내고 있잖아."

"아이고, 아까워라. 2년 동안 한 달에 2천 원이면……."

슬기가 말꼬리를 흐리자, 신통이 채근했다.

"2천 원이면 뭐?"

슬기가 아니라는 듯 손사래를 치다가 고개를 갸웃했다.

"그럼 현상 유지 편향은 사람의 안 좋은 심리네?"

"꼭 나쁘다고만은 할 수 없어. 사람 심리 자체는 좋을 것도 나쁠 것도 없지. 그 심리를 어떻게 활용하느냐에 따라 좋고 나쁨이 달라지는 거지. 예를 들어 볼까?"

슬기가 예쁜 눈을 깜박깜박했다.

"장기에 큰 손상이 생겼는데, 도저히 치료가 불가능할 경우 우리는 장기 기증을 받을 수밖에 없어. 그러니까 장기 기증이란 죽어 가는 사람을 살리는 아주 훌륭한 행위라고 할 수 있지. 장기 기증에 관해서는 정부에서 관리하는 나라가 많아. 독일과 오스트리아도 장기 기증을 정부에서 관리하나 봐. 두 나라는 같은 유럽에 있고, 게다가 서로 붙어 있잖아. 그런데도 국민들이 장기 기증에 동의하는 비율은 각각 12퍼센트와 거의 100퍼센트로 큰 차이가 난대."

"왜 그러지? 독일과 오스트리아는 둘 다 독일어를 쓰는 나라잖아. 같은 민족일 거 같은데, 그럼 국민성도 비슷할 테고."

"국민성이라는 게 있을지 모르겠다만, 어쨌든 국민성과는 아무런 관련이 없어. 다른 점이 있다면, 독일에서는 장기 기증을 원하면 동의서를 작성해야 하고, 오스트리아에서는 동의서를 작성하지 않아도 된다는 데 있지. 다시 말해 독일은 장기 기증을 안 하는 것이 기본 선택으로 되어 있는 반면, 오스트리아는 장기 기증에 동의하는 것이 기본 선택으로 되어 있는 거야. 오스트리아 국민은 장기 기증을 원하지 않을 경우 관리 본부에 전화를 걸어 거부 의사를 밝혀야 해. 이런 기본 선택의 차이가 그런 결과를 낳은 거라고 봐야지."

"캬, 귀차니즘을 이용해서 동의 비율을 확 높인 거네."

"그렇지. 사람은 누구나 좋은 일을 하려는 마음이 있기 때문에 장기 기증에 굳이 반대하지 않을 거야. 그런데 독일 사람들은 동의서 쓰기가 귀찮아서 장기 기증에 동의하지 않았을 뿐이고, 오스트리아 사람들은 전화 걸기가 귀찮아서 장기 기증에 반대하는 사람도 일단은 형식적으로라도 동의하고 있는 셈이지."

슬기가 고개를 끄덕끄덕했다.

"귀차니즘이 좋은 데도 쓰이긴 하네."

"보통 독일 방식을 '선택 가입 방식', 오스트리아 방식을 '선택 탈퇴 방식'이라고 하지. 사람들은 단지 귀찮다는 이유만으로 두 가지를 모두 거부하기 때문에 애초에 '선택 탈퇴 방식'으로 설계해 놓는 것이 장기 기증을 받는 데엔 절대적으로 유리해. 슬기야, 디폴트라는 말 아니?"

방통이 슬기가 말할 새도 없이 설명했다.

"그건 컴퓨터 응용 프로그램에서 사용자가 따로 명령을 내리지 않으면, 미리 정해진 값이나 조건대로 자동으로 돌아가는 것을 말하는 거야."

"맞아. 그래서 장기 기증 제도 같은 데서 사람들이 미리 정해 놓은 대로 따라가는 현상 유지 편향을 가리켜 '디폴트 편향'이라고도 해. 행동 경제학자들은 공공 정책에서 기본 선택 방식을 통해 사회를 개선해 보려고 노력하는데, 사람들의 디폴트 편향을 이용해 오스트리아처럼 제도를 바꾸려고 하는 거지. 뿐만 아니라 일방적인 명령이나 지시를 내리는 대신, 사람들이 자연스럽게 선택하도록 유도하는 방식도 찾고 있어. 이런 방식을 '부드럽게 간섭한다.'는 뜻에서 '넛지'라고 부르고 있지."

"넛지?"

"응. 원래는 '가볍게 팔꿈치로 찌른다.'는 뜻이야. 옆 사람을 슬쩍 팔꿈치로 찔러서 어떤 행동이나 선택을 하도록 유도한다, 뭐 그런 뜻이지. 예를 들어 사람들더러 '건강해지려면 운동을 해야 한다. 운동에는 계단 오르기가 좋다.'라고 아무리 이야기해 봤자 사람들은 계단 오르기를 싫어해. 힘드니까. 귀찮으니까. 그런데 우리나라의 한 도시에서 에스컬레이터 옆에 피아노 계단이라는 것을 설치했어. 계단을 밟으면 피아노 소리가 나는 거지. 이것이 재미가 있으니까 사람들이 계단을 오르기 시작했어. 게다가 계단으로 오르면 1인당 10원의 기부금이 적립된다니까 사람들은 건강에도 좋고 어려운 사람에게 기부도 할 수 있는 계단 오르기를 선택한다고 해."

"우아, 멋지네. '넛지'라는 게 그런 거구나. 스스로 움직이도록 격려하고, 좋은 일도 하게 해 주니 일석이조네. 그런데 이 잡지사는 나의 디폴트 편향을 이용해서 자꾸 보지도 않는 잡지를 보내고 있는 건데 게으름 피우지 말고 바로 지금 해약해야겠어. 삼촌, 잠깐 컴퓨터 좀 써도 되지?"

방통도 자리에서 벌떡 일어섰다.

"말 잘했다. 나도 얼른 해지해야지. 나를 위해 넛지를 마련해 줄 사람은 아무도 없을 거 같으니까."

"그러니까 합리적인 판단을 하기 위해서는 기존의 설정이 없다는 전제 하에서 판단을 해야지. 휴대폰의 부가 서비스를 처음부터 가입하지 않았다면 그래도 새로 신청해서 썼을 것인지, 무료 체험 행사가 없었어도 그 제품을 구입했을 것인지, 하나하나 처음부터 판단해 봐야지."

말은 그렇게 하면서도 신통은 '나도 뭐 해지할 거 없나?' 하고 곰곰이 따져 보기 시작했다.

현상 유지 편향

미국의 심리학자 윌리엄 사무엘슨과 리처드 제크하우저는 사람들이 현재 상태에 그대로 머물고자 하는 강한 바람을 갖고 있다는 것을 실험을 통해 입증했다.

두 학자는 사람들을 두 개의 그룹으로 나누었다. A그룹은 꽤 많은 자산을 현금으로 상속받아서 주식과 채권에 맘대로 투자할 수 있게 했다. B그룹은 중간 정도의 위험을 가진 회사의 주식을 상속받아서 이 재산을 활용해 다양하게 투자할 수 있게 했다.

자산을 현금으로 물려받은 A그룹은 자신의 투자 성향에 맞게 투자를 한 반면, 주식으로 물려받은 B그룹은 자신의 투자 성향과는 상관없이 물려받은 것을 그대로 보유했다. 섣불리 다른 곳에 투자해 후회하는 상황이 생기는 것보다 '그대로 두는 것이 더 이익이다.'라고 생각한 것이다. 다시 말해 '현상 유지 편향'이 작동한 것이다. 이렇게 어떤 선택을 해야 하는 시점에서 의사 결정을 할 때 현재 상태를 유지하려고 하는 심리를 '현상 유지 편향'이라고 한다. 컴퓨터를 사용할 때 미리 설정되어 있는 디폴트 값을 그대로 유지하는 심리라고 해서 '디폴트 편향'이라고도 부른다.

현상 유지 편향을 갖게 된 데는 몇 가지 이유가 있다. 우선은 게으른 성향 때문이다. 이른바 귀차니즘이다. 지금도 괜찮은데 바꿀 이유가 없다, 현재 상태를 바꾸어도 크게 달라지지 않는다는 판단이 내려지면 현재 상태를 그대로 유지하려 든다. 하지만 지금도 괜찮다는 것은 단지 익숙해져 있기 때문이지 실제로 현재 상태가 바람직해서가 아닌 경우도 많다.

두 번째로 후회하기를 싫어하는 심리 때문이다. 학교에서 시험을 보는데 답이 2번 같기도 하고 3번 같기도 할 때 2번으로 찍었다. 그런데 3번도 답인 것 같다. 계속 고민하다가 시험 종료 종소리가 나자, 얼른 3번으로 고쳤다. 나중에 알고 보니 2번이 정답이다. 고친 것이 후회막급이다. 원래 썼던 답이 틀렸을 때보다 고쳐서 틀리면 더 아쉽다. 이처럼 후회하기 싫어서 아예 현상을 고치지 않고 유지하려는 것이다.

세 번째는 과거에 자기가 잘못된 선택을 했다는 것을 인정하기 싫은 심리 때문이다. 자기처럼 현명한 사람이 선택을 잘못했다는 것을 인정하기는 싫다. 그래서 자기가 현명하다고 믿는 사람들일수록, 더 많이 배운 사람들일수록, 현상 유지 편향이 심하다.

현상 유지 편향을 가장 잘 이용하는 것은 기업들이다. 소비자들이 브랜드를 잘 안 바꾼다는 것을 아는 기업들은 '어린이 마케팅'에 투자를 많이 한다. 현상 유지 편향 때문에 어릴 때 고객이 평생 고객이 된다는 이유에서다. 국가 정책을 결정할 때에도 공공의 이익에 부합하도록 디폴트 값을 설정해 디폴트 편향을 이용하는데, '넛지'를 활용하는 것이다.

현상 유지 편향은 손해를 보기 싫어하는 사람들의 심리 때문에 생기는 것이다. 자기가 갖고 있는 것이 더 좋아 보이는 이상한 심리 때문이기도 하다. 그러나 태양이 지구를 돈다고 믿었던 천동설을 유지하기 위해 지동설을 끝까지 받아들이지 않았다면, 그래서 잘못된 과학 지식을 그대로 유지했다면 인류는 발전하지 못했을 것이다. 나아가 '그게 그거지, 뭐.' 하면서 잘못된 현상을 유지하려는 '보수'만 세상에 존재한다면 우리에게 더 나은 '진보'는 없을 것이다.

더 나은 선택으로 이끄는 부드러운 힘, 『넛지』

남자 화장실에 가면 소변기 위에 흔히 볼 수 있는 문구가 있다. "한 걸음 앞으로." 이렇게 직설적인 문구에서부터 "남자가 흘리지 말아야 할 것은 눈물만이 아닙니다." 이렇게 서정적인 문구까지 여러 가지다. 물론, 모두 변기를 깨끗하게 사용하자는 말이다. 그러나 그 어떤 문구를 써 놓아도 소변기는 좀처럼 깨끗해지지 않는다.

네덜란드 암스테르담의 스키폴 공항에서도 항상 지저분한 변기 때문에 고민이었다. 그러다 어떤 천재가 소변기 안쪽에 파리 한 마리를 그려 넣었다. 그러자 놀라운 일이 일어났다. 아무도 시키지 않았는데, 사람들은 소변으로 파리를 맞히려 애썼고, 그 결과 변기 주위가 깨끗해진 것이다.

이처럼 일방적인 지시나 명령이 아니라, 어떤 선택으로 유도하기 위해 알게 모르게 부드럽게 개입하는 것을 행동 경제학자인 미국 시카고 대학의 리처드 탈러와 하버드 대학의 캐스 선스타인 교수는 '넛지'라고 불렀다. '넛지'란 원래 '주위를 환기하기 위해 남을 팔꿈치로 쿡쿡 찌른다.'는 뜻이다. 두 사람은 2008년에는 『넛지』라는 책을 써서 우리가 얼마나 부적절한 선택을 하고 있는지 생생한 사례를 통해 보여 주면서 '넛지'를 통해 자신과 사회에 최선이 되는 선택을 할 수 있다고 이야기하고 있다.

*『넛지』, 리더스북

원래 전통 경제학에서는 사람들이 합리적으로 행동한다고 가정한다. 하지만 탈러는 "사람이란 예측할 수 없을 정도로 비합리적이기 때문에 항상 경제학 이론을 무시하는 쪽으로 행동한다. 그러므로 거꾸로 이 행동을 예견할 수 있다."고 주장했다. 미국 정부는 탈러의 통찰력을 바탕으로 여러 가지 공공 정책에 디폴트 옵션을 붙였다. 특히 고용자들이 퇴직 연금 프로그램에 자동 등록되도록 대대적으로 정책을 바꾸었다.

탈러는 많은 경제학자들이 인간 행동에 관심을 기울이고, 많은 국가들이 경제학에 관심을 기울이게 한 공로로 2017년 노벨 경제학상을 받았다.

4-2

나쁜 습관을 고치고 싶다고?

가르시아 효과

사무실 문이 힘차게 열리더니, 남자 아이 하나가 휙 들어왔다. 방통은 누가 이렇게 문을 벌컥 여나 궁금했다.

"그러면 그렇지. 똘이 왔구나!"

방통이 한 손을 번쩍 들면서 반갑게 똘이를 맞았다.

"예, 안녕하셨어요?"

그런데 똘이는 인사만 하고 열린 문을 잡고 서 있었다.

"왜 누가 또 오니?"

"아, 현이요."

똘이는 기다리는 것을 그만두고 소파에 앉았다. 방통이 똘이 앞에 앉으면서 물었다.

"왜? 현이는 뭐하는데 안 들어와?"

"담배 피우나 봐요."

똘이가 입을 삐죽거리면서 대답했다.

"맨날 끊는다, 끊는다, 그러면서."

방통이 깜짝 놀라 입만 벌리고 있자, 책상에서 일하고 있던 신통이 소리를 쳤다.

"뭐? 담배? 중학생이 벌써 담배를 피워?"

똘이가 괜한 소리를 했나 싶어 뒤통수를 긁었다. 음료를 가져오기 위해 방통이 자리에서 일어나 주방으로 갔다. 현이가 조용히 들어와서 똘이 옆에 살며시 앉았다.

"안녕하셨어요?"

풀이 죽은 목소리로 보아 셋이서 하는 이야기를 들은 듯했다. 방통이 차를 네 잔 끓여 왔다.

"자, 금연에 좋은 솔잎차다."

방통의 목소리가 곱지 않았다. 현이는 똘이를 힐긋 쳐다보았다.

'뭣하러 담배 이야기를 삼촌들한테 해?'

똘이도 현이를 마주 보며 눈짓했다.

'그 이야기하러 온 거 아니야?'

네 명은 말없이 차를 두세 모금 들이켰다. 뜨거운지 후후 부는 소리와 후르륵 하는 소리만 들렸다. 신통이 먼저 입을 열었다.

"현이 너 담배 피워?"

현이가 고개를 끄덕끄덕했다.

"담배 피운 지 오래됐니?"

"아, 아니요. 한 몇 달."

그러자 똘이가 딴지를 걸었다.

"몇 달은 무슨 몇 달? 반년은 됐겠구만."

"그러니까 몇 달이지!"

현이도 맞섰다. 신통이 끼어들었다.

"많이 피우니? 하루에 얼마나 피워?"

"별로 안 피워요. 한 반 갑?"

똘이가 또 딴지를 걸었다.

"반 갑은 무슨, 한 갑도 더 피우면서!"

"한 갑 못 피운다니까!"

현이가 다시 버럭했지만, 신통이 두 손을 들어 말을 잘랐다. 무어라 말하려 하는데, 먼저 현이가 말했다.

"이제 곧 끊을 거예요."

똘이는 믿지 않는다는 듯한 표정이었지만, 신통과 방통은 고개를 끄덕였다. 방통이 격려하듯 현이 어깨를 툭툭 치며 말했다.

"그래, 빨리 끊어라. 아니, 끊는 게 아니지. 뭐, 얼마나 피웠다고 끊어? 그냥 안 피우면 되지. 중학교 때 담배 한 번 안 피워 본 사람 있니? 나도 중학교 때 아버지 담배 훔쳐서……."

"야, 자랑이다, 자랑!"

이번에는 신통이 방통에게 핀잔을 주었다.

"그래, 담배는 안 피우는 게 좋지. 그런데 현이는 주로 언제 담배를 피우고 싶니? 안 피우려고 하다가도 꼭 피우고 싶어질 때가 있지 않아?"

신통이 솔잎차를 한 모금 홀짝 하고는 현이를 빤히 보았다. 현이는 신통을 보다가, 생각을 더듬어 보려는 듯 눈을 위로 치켜떴다.

"게임을 할 때 같아요. 이상하게 게임만 하면 담배 생각이 나요. 담배를 안 피우면 게임할 마음의 준비가 안 된 것처럼 느껴지기도 해요."

"일종의 조건 반사네."

방통이 거들었다. 신통도 방통의 의견에 동의했다.

"현이도 조건 반사라는 말 들어 봤지?"

"예, 뭔가 일이 생기면 자동으로 반사하는 걸 말하는 거죠?"

"비슷한 건데, 이반 파블로프라는 러시아의 생리학자가 발견한 현상이야. 파블로프는 소화가 어떻게 일어나는지를 연구해서

1904년에 노벨 생리의학상을 받은 사람이지. 노벨상을 받기 전인 1902년의 일이었어. 파블로프는 우연히 사육사 발소리만 들어도 개가 침을 흘린다는 것을 발견했어. 개들은 원래 음식을 보면 침을 흘리잖아. 그런데 음식을 먹지 않는데도 침을 흘린 거야."

"뚱이도 쉬는 시간만 되면 침을 흘리는데."

조용히 있던 똘이가 한마디 했다. 무거운 분위기가 싫었던 모양이다. 신통이 씩 웃고는 이야기를 계속했다.

"파블로프는 이것을 보고 실험을 해 보기로 했지. 처음에는 먹이를 줄 때마다 개에게 종소리를 먼저 들려주었어. 개는 먹이를 먹으며 침을 흘리는데 이것은 자연스러운 반응이라 '무조건 반사'라고 하지. 이런 식으로 계속해서 종소리를 들려주고 나서 먹이를 주며 학습을 시켰어. 이러한 학습을 조건 부여라고 해. 조건 부여가 충분히 되면 종소리가 난 다음에는 먹이가 나온다는 사실을 개도 알게 되기 때문에 어느 순간부터 종소리만 듣고도 침을 흘리게 되었지. 이것을 파블로프는 '조건 반사'라고 불렀어. 파블로프가 처음 이런 현상을 실험하고 설명했기 때문에 고전적 조건 형성이라고도 하지."

"그러니까 삼촌, 게임만 하면 담배 생각이 나는 것도 조건 반사라는 거지?"

똘이가 현이를 놀리자, 현이가 입을 앙다물었다. 방통도 한마디 거들었다.

"삼국지에도 조건 반사 사례가 나와."

"그래요?"

똘이와 현이가 눈을 동그랗게 뜨며 방통을 바라보았다.

"신기하지? 위나라의 조조가 어느 날 전쟁에 패한 군사들을 이끌고 높은 언덕을 넘어갈 때였어. 뒤에서는 적군들이 쫓아오는데, 병사들은 이미 싸움에 지쳤고 설상가상으로 타는 듯한 날씨에 물도 다 떨어졌어. 가파른 언덕을 올라야 하니까 쓰러지는 병사가 점점 늘어나는 거야. 그대로 가다가는 언덕을 넘기도 전에 병사들이 모두 목숨을 잃을 지경이었지. 그때, 조조가 꾀를 냈어. 군사들을 향해 이렇게 외친 거야. '자! 힘을 내라! 저 언덕 너머에 살구 밭이 있다!' 지쳐서 한 발짝도 못 움직이던 병사들이 그 말을 듣고 움직이기 시작했어. 더는 못 가겠다고 주저앉아 있던 병사들도 뒤쫓아 왔지."

"어떻게 그렇게 됐어요?"

똘이는 뒷이야기가 궁금했지만, 현이는 어떻게 된 일인지 알겠다는 듯이 무릎을 탁 쳤다.

"현이는 아는 모양이네. 살구 소리만 듣고도 병사들 입안에 침이 고인 거야. 목이 마를 대로 말라 있던 병사들이 덕분에 힘이 난 거지."

"살구 소리가 조건이 돼서 침이 나는 반사가 일어난 거네요!"

똘이는 신나게 말했지만, 현이는 풀이 죽은 소리로 말했다.

"게임이 조건이고 담배 피우고 싶은 마음이 반사라는 거네요."

"조건 반사라고까지야. 어쨌든 기운 내. 담배는 끊으면 되지. 끊으려고 한다며?"

"몇 번 끊으려고 해 봤는데 끊기가 쉽지 않아요. 담배를 끊으려면 게임을 끊어야 하는데, 게임을 너무 좋아해서 게임을 끊을 수도 없고."

"한번 습관이 되면 무엇이든 끊기가 쉽지 않지. 하지만 가르시아 효과를 이용하면 도움이 될 것도 같은데."

"가르시아 효과요? 그게 뭔데요?"

현이가 기대에 찬 목소리로 물었다.

"친구들 가운데 어떤 특정한 음식을 못 먹는 친구들이 있지. 예를 들어 내 친구 가운데 하나는 닭발을 못 먹어. 친구들이 모두 닭발을 먹을 때도 그 친구는 다른 것을 시키지. 친구들이 '너는 왜 닭발을 못 먹어?'라고 물어봤더니, 자기도 예전에는 닭발을 잘 먹었다는 거야. 그런데 언젠가 닭발을 먹고 어지럽고 속이 메스꺼워서 다 토했다는 거야. 그러고도 며칠을 앓아누웠대. 그다음부터는 닭발 소리만 들어도 속이 이상해진대나."

"예전에는 잘 먹었다니 알레르기가 있는 것도 아니네."

방통이 말하자, 현이도 궁금해했다.

"혹시 닭발이 상했던 거 아닌가요?"

신통이 고개를 저었다.

"아니야, 닭발을 혼자서 먹은 게 아니라 친구들 여럿이서 먹었대. 그런데 다른 친구들은 멀쩡했거든."

"그거 이상하네요?"

똘이도 고개를 갸웃거렸다. 신통이 자신의 추측을 얘기했다.

"내 생각에는 그 친구가 그날따라 컨디션이 몹시 안 좋았던 거 같아. 스트레스를 잔뜩 받았다거나 긴장을 했다거나 말이야. 그런 심리적인 것이 탈이 난 원인인데, 그 친구는 우연히 그때 먹은 닭발을 다시는 못 먹게 된 거지. 이처럼 어떤 음식을 먹고 탈이 난 이후에 그 음식을 기피하게 되는 현상을 가르시아 효과라고 해. 직접적인 이유가 뭐든 말이야. 사육사 발소리를 듣고 침을 흘리는 조건 반사에서도 직접적인 원인은 사육사 발소리가 아니잖아. 어쨌든 가르시아 효과도 일정한 조건이 특정한 반사 행동을 일으킨다는 점에서 고전적 조건 형성의 하나라고 볼 수 있지."

"그런데 왜 가르시아 효과라고 해요?"

현이가 관심을 보였다.

"아, 그 말을 안 했구나. 미국의 심리학자 존 가르시아의 이름에서 유래한 거야. 가르시아도 주변에서 이런 현상을 많이 보았나 봐. 그래서 1955년 쥐를 대상으로 실험을 했어. 가르시아는 쥐들한테 사카린이 든 단 물을 먹인 뒤에 감마선을 쬐어 모두 토하게 만들었어. 그다음부터 쥐들이 사카린이 든 단 물을 마시지 않게 되었지. 쥐들을 토하게 만든 실질적인 원인은 감마선이었지만, 쥐들은 사카린이 든 단 물이 원인이라고 생각한 거야. 사실 가르시아 효과는 모든 생물이 생존해 가는 데 매우 필요한 효과야. 우리 인류도 독풀이나 독버섯을 먹고 혼이 난 경험들을 통해서 해로운 음식을 피할 수 있게 되었으니까 말이야."

"그런데 가르시아 효과를 이용해서 어떻게 금연을 할 수 있어요?"

"담배가 싫어지게 만드는 거지. 담배 한 개비 줘 볼래?"

현이가 머뭇거리더니 주머니에서 담뱃갑을 꺼냈다. 신통이 담뱃갑을 받아들고는 담배 한 개비를 꺼냈다.

"현아, 눈을 감고 두 손을 내밀어 봐."

현이가 눈을 감고 두 손을 펴서 내밀자, 신통이 현이 오른손 위에 담배를 올려놓았다.

"자, 네 오른손 위에 담배가 있어. 왼손 위에는 네가 생각하기에 가장 더러운 물건이 있다고 상상해 봐."

현이는 오른손 위에 담배를 올려놓은 채 인상을 썼다. 무지하게 더러운 것을 생각해 냈던 모양이다.

"좋아. 그럼 이제 두 손을 모아서 비벼 봐. 그 더러운 것과 담배가 잘 섞이도록 힘차게 비벼. 두 개가 하나로 합쳐졌다고 상상하는 거야."

현이가 시키는 대로 두 손을 모아 비볐다. 담배가 가루가 되어 두 손바닥 사이를 비집고 나왔다. 방통이 얼른 현이 앞에 휴지를 갖다 댔다.

"자, 이제 눈을 뜨고. 앞으로도 담배 생각이 날 때마다 이렇게 하도록 해. 그럼 며칠 안 가서 담배가 싫어지게 될 거야."

현이가 입을 꾹 다물고 손바닥을 털었다. 똘이가 말했다.

"곧 담배 끊게 생겼네. 미리 축하한다."

"그렇게만 되면 좋겠는데. 어쨌든 고맙습니다. 열심히 한번 해 볼게요."

똘이와 현이가 사무실을 나가자, 탁자를 치우면서 방통이 볼멘소리를 했다.

"꼭 담배를 그렇게 망가뜨려야 했니? 담배가 있다고 상상만 해도 되잖아?"

"그런가? 담배를 하나라도 더 없애면 담배 끊는 데도 도움이 되지 않을까?"

신통의 대답을 듣고 방통은 어이가 없어서 허허 웃었다.

가르시아 효과

'긍정 심리학'으로 유명한 미국의 심리학자 마틴 셀리그만이 아내와 함께 소스를 듬뿍 뿌린 스테이크를 맛있게 먹었다. 스테이크를 먹고 난 지 6시간 후에 셀리그만 부부는 심한 위통과 메스꺼움을 느꼈다. 그 후 셀리그만 부부는 이 소스의 냄새만 맡아도 메스꺼워서 구역질을 하게 되었고, 먹지 않게 되었다. 이처럼 어떤 음식을 먹고 나서 탈이 난 다음부터 그 음식을 꺼려하는 현상을 가르시아 효과라고 한다. 원래는 아무런 반응을 일으키지 않던 스테이크 소스가 위통과 메스꺼움으로 연결됨으로써 조건이 되었기 때문이다.

하지만 셀리그만은 이 해석이 고전적 조건 형성의 원리와 맞지 않는다고 지적했다. 파블로프의 조건 반사 실험에서처럼 어떤 자극이 조건이 되려면 여러 차례 반복되어야 하고, 조건과 반응 사이의 시간도 짧아야 한다고 반박했다. 자신은 스테이크 소스를 단 한 차례 먹고 위통과 메스꺼움을 느꼈으며 반응도 6시간이나 지나서 나타났기 때문에 고전적 조건 형성과 다르다는 것이다. 또 접시, 나이프, 테이블보와 같은 다른 자극들도 많았는데 유독 소스에 대해서만 메스꺼움을 느끼게 되는 이유도 설명하기 어렵다고 반박했다.

가르시아는 셀리그만의 의견에 다음과 같이 설명했다. 인류를 비롯한 모든 동물의 가장 중요한 목표는 생존이다. 어쩌다 독이 든 음식을 먹었다면, 다시는 이런 음식은 먹어서는 안 된다는 것을 학습해야만 생존할 수 있다. 이러한 진화의 역사 덕분에 생물은 자극과 조건 형성을 빨리 학습할 수 있는 생물학적 프로그램을 갖게 되었다. 그래서 한 번의 자극만으로도 조건 형성이 되며, 조건과 반응 사이의 시간이 길어도 조건 형성이 될 수 있다는 것이다. 다시 말해 가르시아 효과는 고전적 조건 형성의 한 가지 사례이긴 하지만, 자극이 일회성이고 자극과 반응 사이의 시간이 길어도 조건 형성이 된다는 점에서 조금 다르다.

가르시아 효과는 우리 인간이 진화하면서 갖게 된 유용한 효과이다. 인간이 생존하기 위해 학습한 결과로 갖게 된 능력이라고도 할 수 있다. 자신에게 해로운 어떤 것을 빨리 쉽게 발견해 내는 능력이니까. 거꾸로 이러한 능력을 활용하면 편식이나 흡연 등 잘못된 습관을 고칠 수도 있다.

까치와 함께 사는 법

'아침에 까치가 울면 반가운 손님이 온다.'는 속담이 있다. 까치는 그만큼 우리에게 친근한 새였다. 우리나라에 까치와 호랑이를 그려 넣은 '까치 호랑이' 민화가 많은 것도 그런 이유에서다. 사람들의 행복과 불행을 결정하는 서낭신이 손길이 닿지 않는 곳에는 까치를 시켜 호랑이에게 전달하고, 호랑이가 서낭신 대신 사람들에게 행복과 불행을 가져다주게 했다는 것이다. 이처럼 까치는 신령스럽기까지 한 새였다.

그런데 언젠가부터 까치는 나쁜 새가 되고 말았다. 농부들이 애써 길러 놓은 과일을 파먹어 버려 골치 아픈 새가 된 것이다. 까치는 겨울철에도 농가에 심각한 피해를 입혔다. 참새는 비닐하우스에 한번 들어오면 출구를 못 찾아서 파닥거리지만, 까치는 비닐을 살짝 들어 올리고 들어와 과일을 쪼아 먹고는 들어온 곳으로 다시 나간다고 한다. 과일을 쪼아 먹을 때도 한 개의 과일만 먹는 게 아니라 맛있는 과일을 귀신같이 알아서 전부 한 번씩만 쪼아 먹기 때문에 피해가 이만저만이 아니다. 까치는 6살 정도 아이의 지능을 가지고 있어 개나 원숭이보다 머리가 좋다. 그래서 허수아비 따위는 아무 소용이 없다. 이상한 고주파를 흘려 까치를 쫓기도 하고 그물을 쳐 놓기도 하고, 총을 쏘아서 까치를 죽이기도 한다. 그런데 우리에게 친근한 까치를 꼭 죽여야 할까? 까치와 함께 살아가는 방법은 없을까?

이 숙제를 해결하기 위해 2001년 KBS 환경스페셜이 실험을 했다. 3월부터 9월까지 전북 남원과 전남 나주의 배 과수원에서 까치에게 해를 입히지 않으면서도 까치의 공격을 막을 방법을 찾았다. 실험팀이 찾아낸 해법은 '조건적 미각 기피 행동'으로 '가르시아 효과'를 이용한 것이었다. '조건적 미각 기피 행동'이란 야생에서 살아가는 생명체들이 먹이를 먹고 난 후 탈이 생기면 알레르기를 일으켜 그 먹이를 다시는 먹지 않는 습성을 갖게 되는 것을 말한다.

실험팀은 먼저 자신들이 주는 먹이를 까치들이 잘 먹게 하기 위해 과수원에 닭 사료를 뿌렸다. 까치가 사료를 먹기 시작하자, 가벼운 구토와 배탈을 일으키는 약품을 가미한 배 조각도 함께 뿌렸다. 약품 처리한 배를 먹고 가벼운 구토 증세를 보인 까치는 실험팀이 뿌려 놓은 배 조각은 먹지 않고 닭 사료만 먹었다. 그 뒤로 나무 위에 달린 배를 더 이상 쪼지 않았다. 배가 모두 익은 뒤에 조사해 보니 99퍼센트 가량의 배가 온전했다. 실험은 대성공이었다.

실험 팀의 피디는 이렇게 말했다.

"까치가 농작물에 피해를 주게 된 이유는 까치의 주요 먹잇감인 벌레들이 농약 사용으로 사라졌기 때문이다. 인위적으로 포획하기보다는 부패한 음식을 청소하는 까치의 본성을 되살릴 필요가 있다. 조건적 미각 기피 행동을 이용한 과일 보호는 까치와 인간이 공존할 수 있는 방법이 될 수 있을 것이다."

4-3

그럴 사람이 아니거든

스톡홀름 증후군

퇴근 시간이 한참 지난 어느 날 오후, 신통이 시계를 보고 방통에게 말했다.

"방통아, 퇴근 안 하니?"

방통도 시계를 보더니, 고개를 갸우뚱했다.

"응, 해야지. 그런데 얘는 왜 안 오지?"

"누구 올 사람 있어?"

"응, 너 내 후배 미리 알지?"

미리는 방통의 광고 동아리 후배로 작은 광고 회사에 다니고 있는 친구였다.

"알지. 아직 그 광고 회사 다니나?"

미리가 다니는 광고 회사는 매우 의욕적으로 일하는 신진 회사였다. 하지만 나라 전체가 불황이다. 불황일 때는 기업에서 광고비부터 줄이기 때문에 신진 광고 회사들이 먼저 어려워진다.

"몇 달째 월급도 못 받았다고, 회사를 옮겨야 하는지 고민 중이었잖아?"

"응, 그런데 아직 다니고 있나 봐. 오늘도 그 이야기를 하고 싶어서 온다고 한 거 같은데……."

방통의 말이 끝나기 무섭게 사무실 문이 열렸다. 미리였다. 손에는 쇼핑백이 서너 개가 들려 있었다.

"안녕하셨어요, 선배님들?"

미리가 씩씩하게 인사했다. 방통도 환하게 웃으면서 미리를 맞았다. 그러고는 잽싸게 주방 테이블로 가더니 칵테일 세 잔을 만들어 왔다.

"자, 상큼한 웨이브벤더 한 잔씩 하자. 신통아, 너도 이리 와."

신통과 방통이 자리에 앉자, 소파에 앉아 있던 미리가 쇼핑백에서 작은 상자 두 개를 꺼내 신통과 방통에게 하나씩 건넸다.

"손수건이에요. 약소하지만 받아 주세요. 백화점에 갔다가 선배님들 생각 나서 샀어요."

신통과 방통이 멋쩍게 웃으며 선물을 받았다. 그리고 상자를 뜯으면서 동시에 약속이나 한 듯이 말했다.

"드디어 월급이 나온 거야?"

미리가 고개를 저었다.

"아니요. 이번 달도 월급 대신 10만 원짜리 상품권 다섯 장씩 받았어요."

방통이 눈썹을 찌푸리며 물었다.

"또? 아니, 너희 사장은 왜 월급은 안 주고 자꾸 상품권 몇 장으로 때우려고 한다니?"

"우리 사장님이 힘드셔서 그렇죠. 우리 사장님 나쁜 사람은 아니에요."

"아니긴. 맨날 야근시키고, 광고 시안이 마음에 안 들면 고래고래 소리 지르고 그런다면서? 직원들 월급도 몇 달씩 안 주고. 너, 그 회사 꼭 다녀야겠니?"

신통은 잘 모르는 상황이라 두 사람 눈치만 보면서 이맛살을 찌푸렸다. 두 사람 이야기 때문이 아니라 칵테일이 지나치게 시었다. 방통도 칵테일을 한 모금 마신 후 인상을 썼다.

"그거야 우리 사장님이 워낙 일에 열정적인 분이라 그렇지요. 예전 회사에서 수석 크리에이티브로 일할 때는 광고 대상을 몇 번이나 받았다니까요. 우리 회사도 곧 좋아질 거예요. 전 믿어요."

“얼마 전만 해도 회사를 그만두어야 하나 어쩌나 하더니…….”

잠시 미리 눈치를 살피다가 방통이 한마디 했다.

“미리야, 스톡홀름 증후군이라고 들어 봤니?”

“그게 뭐예요?”

미리가 신통을 바라보았다. 신통은 칵테일을 한 모금 마시려다 목이라도 막힌 듯이 콜록거렸다.

“들어 본 적이 있을 거야, 스톡홀름 증후군.”

미리가 눈을 위로 치켜떴다가 머리를 위아래도 좌우도 아니게 흔들었다. 신통이 휴지로 입가를 닦고 이야기를 시작했다.

“1973년 8월 23일, 스웨덴의 수도 스톡홀름에서 감옥에서 가석방으로 풀려난 얀 에릭 올손이란 범죄자가 기관총으로 무장하고 노르말름 광장에 있던 은행 안으로 난입한 일이 있었어. 올손은 은행 손님들은 내보내고 은행 직원 9명을 인질로 잡았어.”

미리와 방통이 귀를 기울였다.

“스웨덴 경찰이 즉각 출동했지. 경찰관 두 명이 은행 안으로 들어갔는데, 올손이 총을 쏘기 시작했어. 경찰관 한 명은 손에 총을 맞고, 다른 한 명은 붙잡히고 말았지. 올손은 밖에 있는 경찰에게 요구 사항을 말했어. 감옥에 있는 자기 친구 클라크 올로프손을 불러 달라, 3백만 크로네와 총 두 자루, 방탄조끼, 헬멧, 빠른 자동차를 준비해 달라고 요구했어. 도주할 생각이었던 거지. 경찰은 요구 조건을 들어줄 테니 인질을 풀어 달라고 했어. 올손은 5명을 풀어 주고, 여성 3명과 남성 1명은 계속 인질로 붙잡아 두었어."

신통이 여기까지 얘기하고 칵테일 한 모금을 다시 홀짝 했다. 미리는 침을 한 번 꼴깍 삼키고는 신통만 바라보았고, 방통은 미리 눈치를 살폈다. 미리 반응이 궁금한 모양이었다.

"다음 날이었을 거야. 경찰은 이 요구를 받아들여 현금과 함께 올로프손을 감옥에서 데리고 나와 올손에게 보내 주었어. 경찰의 말을 올로프손이 올손에게 잘 전달해 줄 수 있다고 본 거야. 올로프손은 1966년부터 은행 강도죄로 복역 중이었는데, 16살 때부터 무장 강도나 폭행 등을 일삼은 스웨덴 역사상 가장 유명한 은행 강도였대. 경찰은 또 도주용 차는 제공하겠다고 했지만 인질을 데리고 가는 것은 허락하지 않았어."

"도주하게 놔두지 않겠다는 이야기 아니에요? 인질만 없으면 경찰이 바로 습격할 수 있으니까."

미리가 걱정된다는 듯이 이야기했다.

"그렇지. 그러니까 올손은 도주도 하지 못하고 계속해서 인질을 붙들고 있을 수밖에 없었어. 올손은 인질들과 함께 금고실로 들어가 버티기 시작했어. 경찰은 사건이 일어난 지 3일째 되는 8월 25일, 금고실을 봉쇄하고 음식도 주지 않았어."

미리가 혀를 쯧쯧 찼다.

"저런, 어떻게 해요? 인질범들은 그렇다 치고, 인질들도 굶어 죽게 생겼잖아요?"

"그러게 말이야. 8월 26일, 나흘째가 되어도 인질범들은 항복하지 않았어. 그러자 경찰은 금고실 천장에 구멍을 뚫고, '무기를 버리고 투항하지 않으면 최후의 수단을 취하겠다.'라고 압박하면서 설득을 시도했지. 그런데 인질범들은 항복을 하기는커녕, 천장 구멍을 향해 총 두 발을 쏘았어. 올로프손이었지. 두 번째 총알을 맞고 경관 한 명이 손과 얼굴에 부상을 입었어. 그리고 올손은 올로프 팔메 수상에게 전화를 걸어 협박을 했어. '안전하게 탈출시켜 주지 않으면 인질을 바로 죽여 버리겠다!' 그때 인질 하나가 목을 졸려서 비명 지르는 소리까지 들려왔어."

미리가 소리를 질렀다.

"어떡해! 올손이 인질을 죽인 거예요?"

신통은 말없이 고개를 젓고는 이야기를 이어 갔다.

"다음 날, 수상은 다시 전화 한 통을 받았어. 이번에는 크리스틴 엔마르크라는 인질이 전화를 한 거야. 그런데 크리스틴이 하는 말이 뜻밖이었지. 수상의 강경한 자세에 자신은 불만을 가지고 있으며 자기를 비롯한 인질들은 인질범들과 함께 현장에서 떠나고 싶다고 호소하는 내용이었지 뭐야."

"경찰이 먹을 것도 안 주고, 인질범들이 도망가게 해 주지도 않아서 불만이 생긴 거지."

방통이 한마디 보탰다. 미리도 말했다.

"인질범들이 화가 나면 자신들을 해칠까 봐 그러는 거 아닐까요? 나 같아도 수상이나 경찰이 싫어질 것 같아요."

신통이 미리의 말을 듣고 씩 웃었다.

"8월 28일 밤이 되었어. 경찰은 마지막 수단을 쓸 수밖에 없다고 생각했지. 그래서 금고실 천장으로 최루 가스를 집어넣었어. 최루 가스가 들어오기 시작하자 인질범 둘은 금고 밖으로 뛰쳐나왔어. 곧바로 경찰에 체포되었지. 다행히 인질들은 큰 부상을 입지 않았어. 은행 밖에는 팔메 수상도 있었다고 해."

"휴우."

미리가 길게 한숨을 쉬었다. 신통도 잠시 가만히 있다가 몸을 뒤로 젖히며 이야기를 이어 갔다.

"올손은 징역 10년 형을 선고받았어. 올로프손은 자기는 올손을 돕지 않고 상황을 진정시켜서 인질을 보호하려고 노력했다고 호소해서 항소심에서 무죄 판결을 받았어. 재미있는 것은 인질들이 인질범들에게 동정심을 보였다는 거야."

"네? 어떻게 그럴 수 있죠?"

"인질범들이 잘했다는 게 아니라, 인질들은 어떻게든 빨리 상황을 해결하려고만 한 경찰의 무모한 시도에 화가 난 거였지. 그래서 인질들 가운데 몇 명은 인질범에게 불리한 증언하기를 거부했고, 심지어는 옹호하기도 했어. 더 놀라운 사실은 올로프슨과 크리스틴 엔마르크는 몇 번이나 만났고, 두 집안이 친구가 되었다는 거야. 이런 현상에 흥미를 느낀 스웨덴의 범죄학자 닐스 베예로트는 인질이 인질범들에게 동화되어 동조하는 현상을 가리켜 '스톡홀름 증후군'이라고 이름 붙였지."

"그것 참 이상한 증후군이네요. 자기를 붙잡고 있는 인질범에게 동화가 되다니……."

조금 전에는 자기 같아도 수상이나 경찰이 싫어질 것 같다고 했던 미리가 순진하기 짝이 없는 표정을 지으며 말했다. 신통이 말을 이어 갔다.

"어찌 보면 매우 비이성적인 현상이지. 그런데 스톡홀름 증후군이 어떤 현상인지를 정확하게 알고 있는 사람은 바로 올손일지도 몰라. 올손은 그때 일어났던 기묘한 일을 40년 후에도 생생하게 기억하고 있었어. 72세가 된 올손은 인터뷰에서 이렇게 말했어. '인질들은 내 편에 섰어요. 경찰에게 내가 습격당하지 않도록 지켜 주기도 했지요. 인질들이 모두 화장실에 갔을 때, 경찰은 인질들에게 화장실에 그대로 있으라고 했어요. 하지만 모두 다시 돌아왔지요.' 인질들이 처음에는 위협감과 공포심을 느꼈지만, 시간이 흐를 수록 공포심은 조금 복잡한 감정으로 바뀌어 갔어. 아까 인질 가운데 은행원 크리스틴이 수상에게 전화를 했다고 했잖아. 그때 크리스틴은 수상에게 이렇게 말했어. '올로프슨도 다른 남자도 두렵지 않아요. 두려운 것은 경찰이에요. 나는 범인들을 믿고 있어요. 믿기 어렵겠지만 여기에서 정말 잘 지내고 있답니다.' 인질의 육성을 통해 이런 말을 들은 스웨덴 국민은 아주 큰 충격을 받았지. 인질범을 믿고 경찰을 두려워하다니."

미리가 좀 전과 달리 의견을 바꾸었다.

"나는 크리스틴이라는 여자의 마음을 이해할 거 같아요. 경찰은 그저 은행 안으로 밀고 들어오고 싶어 했잖아요. 그러다 인질이 다치면 어떡해요? 그리고 인질범들이 잘못되면 자기들도 잘못될 수 있잖아요."

신통도 방통도 이해가 간다는 듯이 고개를 끄덕끄덕했다.

"맞아. 인질들은 그러면서 자기와 인질범을 동일시하게 된 거야. 특히 인질들의 목숨은 인질범들한테 달려 있잖아. 이 위험한 상태에서 인질들은 인질범들에게 잘 보여야 할 테고, 그러다 인질범들이 조금만 잘해 주면 안심을 하고, 심지어는 감사하고 동정하는 마음을 갖게 되는 거지."

미리도 고개를 끄덕끄덕했다. 하지만 머릿속에 어떤 생각이 스쳤는지 갑자기 방통을 홱 돌아보았다.

"선배! 그러니까 지금 뭐예요? 내가 우리 사장님한테 붙잡혀 있는 인질이라는 거예요?"

"아, 아니! 뭐, 꼭 그런 것은 아니고. 한번 생각해 보란 말이지."

"우리 사장님은 그런 사람이 아니라니까요. 몇 달 월급이 밀려 있긴 하지만, 매달 상품권이라도 몇 장씩 챙겨 주는 사람이라고요. 나는 우리 사장님을 믿어요."

하지만 미리의 목소리에 이미 힘이 빠져 있었다. 걸핏하면 소리 지르는 사장님, 몇 달씩 월급을 밀리는 사장님을 두둔하는 자기 모습을 깨달은 모양이었다. 가끔씩 주는 상품권에 고마워하고 있는 자기 모습도 발견한 모양이었다.

미리가 쇼핑백을 챙기더니 자리에서 일어섰다. 그러고는 말도 없이 고개를 꾸벅하고 나가 버렸다.

"역시 내가 심했나?"

방통이 사무실 문을 열고 내다보았다. 신통이 미리가 주고 간 손수건 상자를 만지작거리며 말했다.

"똑똑한 아이니까 알아서 잘할 거야. 회사가 잘되기나 빌어 주자."

방통은 사무실 문을 붙잡고 한참을 그대로 서 있었다.

스톡홀름 증후군

인질이 인질범에 동화돼 경찰보다 인질범 편을 드는 현상을 '스톡홀름 증후군'이라고 한다. 1973년 스웨덴 스톡홀름에서 발생한 은행 인질 강도 사건에서 유래된 현상이다.

인질 사건은 예고 없이 갑자기 일어난다. 인질이 되는 순간, 인질은 감각적으로 "우리는 죽을 것이다."라고 생각할 만큼 강력한 공포심을 느끼게 된다. 머릿속 생각도 멈춘다. 이때 자신의 생명을 좌우하는 인질범이 조금이라도 친절한 모습을 보이면, 피해자인 인질은 인질범에게 감사의 마음과 애정을 갖게 된다. 자기가 살 수 있는 것은 인질범을 통해서만 가능하다고 믿기 때문에 스톡홀름 증후군의 희생자가 되는 것이다.

스톡홀름 증후군에 빠질 때에는 4단계를 거친다.

1. 인질이 인질범에 대해 애착이나 애정을 갖게 된다.
2. 그 보상으로 인질범은 인질을 아끼게 된다. 인질과 인질범이라는 관계에서 동지애 비슷한 감정을 갖게 된다.
3. 인질은 경찰이나 정부와 같은 외부 세력에 협력하기를 거절한다.
4. 인질은 인질범의 인간미를 믿게 된다.

인질이 인질범에 동화되는 현상과 반대로 인질범이 인질에 동화되는 현상도 있다. 그것은 리마 증후군이라고 한다. 1996년 12월 17일, 페루의 수도 리마에서 페루 반군이 일본 대사관을 점거하고 400여 명을 인질로 삼은 사건이 발생했다. 인질들은 페루 정부군의 기습 작전으로 사건이 마무리된 1997년 4월 22일까지 무려 127일 동안 붙들려 있었다. 그 기간 동안 인질들과 함께 지냈던 페루 반군들은 차츰 인질들에게 동화되어 갔다. 인질들이 가족들과 편지를 주고받을 수 있게 해 주고, 미사 개최도 허락했으며, 옷과 의약품을 들여오는 것을 허용했다. 심지어는 자신들의 신상과 처지를 인질들에게 털어놓았고, 인질들에게 동정심을 갖게 되어 더는 폭력을 행사하지도 않았다.

인질범 야수를 사랑한 미녀, 〈미녀와 야수〉

거센 폭풍으로 배들을 모두 잃은 줄 알았던 상인은 어느 날, 배 한 척이 항구로 오고 있다는 소식을 듣는다. 항구로 떠나는 상인에게 아름답고 마음씨 착한 막내딸 벨은 선물로 장미꽃 한 송이를 가져다 달라고 부탁한다. 상인은 돌아오는 길에 태풍을 만나 근처 궁전으로 몸을 피한다. 궁전의 장미꽃들을 본 상인은 딸의 부탁이 생각나 장미 한 송이를 꺾다가 궁전의 주인인 야수의 분노를 산다. 야수는 상인을 살려서 보내 주는 대신 딸들 중

한 명을 보내라고 한다. 아버지의 얘기를 듣고 마음씨 착한 벨이 야수가 있는 궁전으로 향한다.

모두 잘 알고 있는 『미녀와 야수』의 이야기다. 원작과 조금씩 다르지만 여러 번 영화로 만들어졌다. 2017년에는 디즈니에서 실사 영화로 만들었다. 주인공 벨의 역할은 엠마 왓슨이 맡았다. 엠마 왓슨은 자신이 꿈의 역할을 맡았다고 생각했다. 그런데 여주인공 벨의 캐릭터를 연구하다가 고민에 빠졌다. 엠마는 〈엔터테인먼트 위클리〉와의 인터뷰에서 이렇게 털어놓았다.

* 영화 〈미녀와 야수〉 포스터

"처음에 정말 고민했던 게 있어요. 바로 스톡홀름 증후군 문제였지요. 납치범과 사랑에 빠지는 장면 말이에요."

자기를 성에 가둔 야수를 사랑하게 되는 것은 결국 스톡홀름 증후군에 빠져서가 아니냐 이 말이다. 그러나 영화에서 벨은 아버지 대신 성에 남을 만큼 용감하며, 가스통의 계략에 넘어가지 않을 만큼 현명하다. 야수가 금지한 방을 엿볼 만큼 호기심도 많고 책을 좋아하는 지적인 인물이다. 엠마 또한 이것을 간파했다. 엠마는 이 동화를 좀 더 연구해 보고는 벨의 캐릭터에 대해서 이렇게 설명했다.

"벨은 스톡홀름 증후군에 빠진 것이 아니에요. 독립적이고 생각 또한 자유롭거든요. 우리 마음속에는 의지로 작동되는 스위치가 있다고 생각해요. 벨은 스스로 성에 머물기로 결정하고 야수를 괴롭히죠. 벨은 받은 만큼 돌려줍니다. 야수가 문을 거칠게 닫으면 벨도 거칠게 문을 닫아요. '내가 여기에 갇혀 지내니까 나를 너의 죄수라고 생각하겠지? 절대 아니야!' 하는 저항심이 있지요."

엠마의 말처럼 벨은 독립적이고 자유로운 인물일까, 아니면 스톡홀름 증후군에 빠진 순종적이고 의존적인 인물일까? 여러분 생각은 어떠한가? 엠마는 〈미녀와 야수〉의 벨 역을 맡기 전에 신데렐라 역도 제안받았지만 거절했다. 엠마가 보기에 벨이 훨씬 더 나은 롤 모델이었다.

4-4

입만 열면 거짓말이야

리플리 증후군

"올 여름엔 유난히 비가 안 오네."

늦은 여름날 오후, 손부채질을 하며 창밖을 내다보던 방통이 말했다. 벌써 2주일째, 하늘에는 구름만 떠 있었다.

"그러게, 비가 한번 오고 나면 이제 가을이……."

신통도 방통 쪽을 바라보며 이야기하는데, 사무실 문이 벌컥 열렸다. 슬기였다.

"정말 어이가 없어서."

슬기는 책가방을 소파 위에 턱 던지더니 자기 몸도 던지듯 소파에 앉았다. 뭔가 단단히 화가 난 모양이었다.

방통이 재빨리 무알코올 모히토 한 잔을 가져다 슬기 앞에 놓았다. 그러고는 슬기 앞에 앉았다. 불똥이 자기에게 튈까 봐 들고 온 쟁반으로 자기 몸을 가리면서.

"왜, 무슨 일이 있었니?"

슬기는 마치 방통 때문에 화가 난 듯이 방통 쪽을 째려보다가 모히토를 한 모금 마셨다. 그러더니 오만상을 찌푸렸다.

'너무 시게 탔나?'

"삼촌, 삼촌 친구 중에도 거짓말쟁이 있지?"

방통은 슬기가 무슨 말을 하려나 하고 유심히 보면서 고개를 조금 끄덕였다. 슬기는 기껏 물어봐 놓고는 방통의 대답을 듣기도 전에 말을 이었다.

"우리 반에 하나라는 친구가 있는데, 얘가 완전 거짓말쟁이야. 입만 열면 거짓말이라니까."

방통은 고개를 더 크게 끄덕이면서 물었다.

"그 친구가 무슨 거짓말을 했는데?"

슬기가 모히토 한 모금을 더 마시더니 다시 인상을 썼다.

"글쎄 자기 아빠 친구가 KBS의 피디래요."

"그럴 수도 있지 뭘 그러냐?"

슬기가 방통을 향해 도끼눈을 떴다.

"아, 들어 봐. 친구 아빠가 방송국에서 우연히 인욱이를 만났대. 그래서 인욱이한테 직접 전화번호를 땄다는 거야. 그게 말이 돼?"

인욱이는 요즘 한창 잘 나가는 아이돌 그룹 지오의 멤버다.

"그래? 그건 좀 이상하네. 방송국 피디라도 가수에게 연락할 일이 있으면 매니저나 소속사에 먼저 연락할 텐데."

"맞아. 내 말이! 그런데 끝까지 거짓말이야. 지난주에는 MBC에서 연기자 오디션을 봤다는 거야. 아무도 모르게 비밀 오디션을 봤다는데 지난주에 뭐 그런 일이 있었어?"

"나야 모르지."

방통의 대답을 듣는 둥 마는 둥 슬기는 침을 튀겨 가면서 계속 열을 냈다.

"또 『신과 함께』 만화책을 헌책방에서 한 권에 1,000원씩 주고 샀대, 헐. 그래서 빌려 달라니까 사촌이랑 친구가 먼저 빌려 달라고 해서 못 빌려 준다면서 이 핑계 저 핑계 대더라고. 다 거짓말이라니까!"

슬기는 방통이 거짓말이라도 한 것처럼 입에 거품을 물었다. 방통이 뭐라고 답을 하려는데, 어느새 신통이 와서 슬기 앞에 앉았다. 방통을 옆으로 살짝 밀면서.

"슬기야, 사람들은 모두 조금씩은 거짓말을 하지 않니? 너는 거짓말한 적이 한 번도 없어?"

슬기는 뭐라고 항의하려다 입술을 꼭 물었다. 자기가 거짓말했던 기억이 떠오른 모양이었다.

"세상에 거짓말 안 하는 사람은 없겠지. 하지만 하나는 입만 열면 거짓말이라니까. 내가 지금 말을 다 안 해서 그렇지, 걔는 또 남의 뒷담화는 얼마나 잘한다고. 걔 완전히 왕따거든. 나나 되니까 상대해 주는 거지. 흥!"

슬기가 콧방귀를 아주 세게 뀌었다. 방통이 슬그머니 얼굴을 닦았다.

"그거 허언증 아니야? 허언증 걸린 사람들은 아무것도 아닌 것도 꼭 거짓말을 하지."

방통이 아는 체를 하며 신통을 보았다.

"그 하나라는 친구는 자기가 하는 말이 거짓말이라는 걸 알면서 거짓말을 하는 것 같니, 아니면 자기가 하는 말이 정말이라고 믿고 거짓말을 하는 것 같니?"

신통의 말에 슬기가 미간을 찡그렸다.

"자기가 거짓말하면서 정말이라고 믿는 사람도 있어?"

"응, 있어. 그런 사람들은 단순한 거짓말쟁이가 아니라 환자라고 할 수 있어. 거짓말하는 것이 일종의 병이라는 거지."

"그래서 허언증이라고 부르지. 병처럼 말이야."

신통을 보며 방통이 내 말이 맞잖아, 하며 동의를 구했다.

"슬기, 너『허풍선이 남작의 모험』이라는 동화 읽어 봤지?"

자기가 좋아하는 동화 이야기가 나오자, 슬기가 눈을 크게 뜨고 신통을 보았다.

"응, 그 뮌히하우젠 남작 이야기 말이지. 늑대 입속으로 주먹을 넣고 장갑 벗기듯이 홀랑 뒤집어서 늑대를 잡았다, 포탄을 갈아타고 다니면서 독일과 터키를 왔다 갔다 했다는 엉터리 얘기 말이지? 그 책 정말 재미있는데."

슬기가 어느새 기분이 좋아졌는지 씩 웃었다.

"뮌히하우젠 남작은 18세기 독일의 군인으로 실존 인물이야. 뮌히하우젠 남작은 자기가 겪지도 않은 이야기를 정말로 겪은 것처럼 떠벌리고 다녔어. 동화를 읽어 보면 알겠지만, 그 남작의 이야기는 아무도 믿지 못할 터무니없는 거짓말이잖아. 그런데 뮌히하우젠 남작은 주위 사람들에게 왜 그런 거짓말을 했을까?"

슬기가 고개를 갸우뚱했다.

"잘난 체하고 싶었던 거 아닐까? 주위 사람들에게 관심도 받고 싶고, 주위 사람들이 우러러봐 주면 기분이 으쓱해지잖아."

"맞아. 우리는 누구나 다른 사람에게 인정을 받고 싶어 하고 사랑을 받고 싶어 하지. 그렇다고 해서 거짓말을 습관적으로 하지는 않잖아. 그런데 다른 사람의 관심, 사랑, 동정심 등을 받고 싶어서 자기 이야기를 과장하고 부풀려서 하거나, 습관적으로 거짓말하는 사람들이 있어. 이런 증상을 '뮌히하우젠 증후군'이라고 불러. 1951년에 영국의 정신과 의사 리처드 애셔가 뮌히하우젠 남작이 보였던 증상과 비슷하다며 동화 속 주인공한테서 병명을 따왔지. 허언증의 하나라고 할 수도 있는데, 하나라는 네 친구도 친구들의 관심을 받고 싶은 거겠지?"

"그럼, 완전 관종이야. 그러니까 자기가 오디션을 봤다, 만화책을 싸게 샀다고 거짓말을 하겠지. 친구들은 들은 척도 안 해. 하나의 증상이 바로 뮌히하우젠 증후군이네. 환자 맞네."

슬기가 질렸다는 듯이 고개를 저었다.

"때로는 그 정도가 지나쳐서 현실 세계를 부정하고 자기가 생각해 낸 거짓 세계를 진실이라고 믿는 사람도 있어. 그런 사람은 상습적으로 거짓말을 하고 거짓된 행동을 일삼지. 이 정도가 되면 반사회적 인격 장애라고 할 수 있는데, 흔히 '리플리 증후군'이라고 불러."

"리플리 증후군? 리플리도 사람 이름이야?"

"맞아. 사람 이름이지. 미국의 심리 스릴러 소설가 퍼트리샤 하이스미스가 1955년에 쓴 『재능 있는 리플리 씨』라는 소설에 나오는 주인공 이름이야."

"리플리라는 사람이 무슨 짓을 했는데, 리플리 증후군이라는 병명까지 생긴 거야? 그 소설 재미있어?"

슬기가 관심을 보였다.

"리플리는 원래부터 사기꾼이었어. 사람들에게 사기를 치며 하루하루 연명하던 리플리는 어느 날 디키 그린리프라는 젊은이의 아버지를 만나게 돼. 그는 엄청난 부자인데, 아들 디키가 이탈리아에 여행 간 뒤로 미국에 돌아오지 않고 있어서 걱정이 컸지. 리플리를 아들의 친구라고 믿은 디키의 아버지는 디키를 미국에 데려오면 큰돈을 주겠다고 하지."

물을 마시기 위해 신통이 잠시 말을 멈추자 슬기가 궁금함을 못 참고 재촉했다.

"리플리가 이탈리아로 갔어? 그런데 친구도 아닌데 어떻게 데려와?"

"리플리는 솜씨 좋은 사기꾼이잖아. 리플리는 바로 이탈리아로 날아가 디키와 친구가 돼. 그러고는 어떻게 하면 디키를 데리고 미국으로 갈까 궁리를 해. 그러다 디키와 친해지면서 디키를 부러워하게 되지. 돈 많은 재벌 아들이 흥청망청 돈을 쓰며 예쁜 여자 친구와 즐겁게 사는 모습을 보자, 자기가 디키라면 좋겠다는 생각을 하게 되고, 끝내는 디키를 살해하고 자기가 디키 역할을 하기 시작해."

"그렇게까지 하다니. 너무 무서운데!"

슬기가 몸서리를 쳤다.

"그런데 여자 친구는 리플리가 디키가 아닌 것을 알잖아. 나중에 아버지는 어떻게 속여?"

"리플리는 철저히 자신의 존재를 지우고 대신 디키의 삶을 살아가야 하잖아. 그래서 거짓되고 위태로운 삶을 이어 가기 위해 계속해서 거짓말을 하고 거짓된 행동을 하는 거지."

신통이 끙 기지개를 펴면서 말했다.

"그 뒷이야기가 궁금하면 네가 직접 읽어 봐."

"흥, 엉터리. 얘기를 해 주려면 끝까지 해 줘야지."

잠시 짜증을 내던 슬기는 이내 포기한 듯 가방을 챙기며 일어섰다. 그러다가 뭔가 문득 생각난 듯 신통에게 물었다.

"그런데 하나를 어떻게 대해야 해? 다시는 보고 싶지도 않은데……. 삼촌 이야기를 듣고 보니 불쌍한 것도 같고."

"리플리 증후군은 자신이 처한 상황에 만족하지 못해서 열등감이나 피해 의식에 시달리는 사람한테서 주로 나타나. 성취 욕구는 강한데, 자신은 무능력하기 때문이지. 그래서 자신이 생각하는 이상적인 세계를 꿈꾸며 그 세계를 진실이라고 믿어 버리고 현실을 부정해. 그러다가 소설에서처럼 아주 나쁜 일이 일어날 수도 있어."

슬기의 표정이 심각해졌지만 신통은 설명을 계속했다.

"하나가 리플리 증후군 환자라고 불릴 만큼 심각한 상태인지는 모르겠지만 습관적으로 거짓말을 한다면 그건 큰 문제라고 할 수 있지. 하나를 도와주고 싶다면 있는 그대로의 모습으로도 충분히 사랑받을 수 있다는 믿음을 심어 주는 게 중요해. 그런 믿음을 갖게 된다면 다른 사람의 관심을 끌고 싶다고 굳이 거짓말까지 할 필요는 없을 테니까."

"하나에게도 좋은 점은 있어. 마음이 여리고 나한테는 정말 잘해 주거든. 그러니까 여태 친구로 지냈지. 앞으로 하나에게 좀 더 관심을 가져야겠네. 고마워, 삼촌. 그런데 그 소설 제목이 뭐라고? 『재능 있는 리플리 씨』? 꼭 사서 봐야지."

영화광인 방통이 옆에서 말했다.

"소설 보기가 벅차면 〈태양은 가득히〉라는 영화를 보는 것도 괜찮을 거야. 그 소설을 영화로 만든 건데, 알랭 들롱이라는 프랑스의 미남 배우가 나오거든."

슬기가 귀를 쫑긋했다.

"그래? 그런 영화가 있었어? 알았어. 찾아볼게. 방통 삼촌, 메르시."

슬기가 사무실 문을 열고 밖으로 나가자, 방통이 각테일 잔을 치우기 위해 자리에서 일어섰다. 신통도 자리에서 일어섰다.

"〈태양은 가득히〉? 프랑스의 미남 배우라고? 알랭 들롱이 지금

몇 살인 줄 아니?"

방통이 유쾌하게 웃으며 칵테일 잔을 싱크대 위에 내려놓았다.

"글쎄, 80살이 넘었지? 하지만 영화 찍을 때는 25살이었잖아. 영원히 젊은이라고, 하하하."

리플리 증후군

2015년 6월 4일, 미국의 한인 천재 소녀가 화제가 되었다. 그 소녀는 미국의 명문 공립학교인 토머스 제퍼슨 과학 고등학교를 다니며 SAT(미국의 대학 입학 자격시험)에서 만점을 받고, 세계 최고의 명문대인 하버드 대학교에 조기 합격했으며, 스탠퍼드 대학교, 코넬 대학교, MIT에 동시에 합격했다고 알려졌다. 게다가 고등학교 때 이미 MIT의 연구 프로그램에 참가해서 놀라운 이론을 제시했는데, 이것을 보고 페이스북을 창업한 마크 저커버그가 김 양을 스카우트했다는 이야기도 들렸다. 김 양은 한 인터뷰에서 "스탠퍼드 대학교에서 1~2년 수업을 받고, 하버드 대학교에서 나머지 커리큘럼을 이수해 두 학교의 학위를 모두 딸 계획"이라고 밝혔다.

하지만 모든 것은 거짓말이었다. 여러 언론사에서 하버드 대학교와 스탠퍼드 대학교 담당자에게 이 사실을 확인했다. 두 대학에서는 "김 양은 우리 대학에 합격하지 않았다.", "스탠퍼드 대학교와 하버드 대학교를 반반씩 다니는 제도는 없다."고 답변했다.

대기업체 전무였던 김 양의 아버지는 "내 딸은 거짓말할 애가 아니다."라며 딸을 두둔하고 나섰다. 하지만 김 양의 발언은 어느 것 하나 사실인 것이 없었다. 결국 김 양의 아버지는 사과했다.

"사실이 아닌 내용으로 큰 물의를 일으켜 진심으로 죄송합니다. 모든 것이 다 제 잘못이고 제 책임입니다. 그동안 아이가 얼마나 아프고 힘든 상태였는지 제대로 살피지 못한 점, 오히려 아빠인 제가 아이의 아픔을 부추기고 더 크게 만든 점을 마음속 깊이 반성합니다. 앞으로 아이를 잘 치료하고 돌보는 데 전력하면서 조용히 살아가겠습니다."

미국의 고등학교에 아이를 보내고 아빠는 기대가 컸을 것이다. 아이는 아빠의 기대에 보답하기 위해 열심히 노력했지만 미국에서 우등생이 되기란 정말이지 어려운 일이었을 것이다. 아빠 엄마를 실망시키지 않기 위해서 아이는 거짓말을 시작한다. 그리고 그 거짓말을 숨기기 위해서 더 큰 거짓말을 한다. 계속해서 거짓말을 할 수밖에 없다. 이렇게 자신이 꿈꾸는 것을 현실 세계에서 실현할 수 없을 때 가공의 세계를 만들어 놓고 그 허상을 진실이라고 믿으며 그곳에서 살게 되는 것, 자신이 바라는 세상을 실제라 여겨 현실을 부정하며 끊임없이 거짓말을 하고 행동으로 옮기는 것을 '리플리 증후군'이라고 한다.

리플리 증후군이 보통의 거짓말과 다른 점은 리플리 증후군 환자는 거짓을 진짜라고 믿는 데 있다. 일반 사기꾼은 자신이 거짓말한다는 사실을 자각하고 거짓말하는데, 리플리 증후군을 앓는 사람들은 자신이 거짓말한다는 사실을 인식하지 못한다. 자신의 존재 자체를 지나치게 높이 평가하면서 그것을 바탕으로 모든 것을 판단한다. 거짓말하는 사람은 대개 책임을 회피하거나 잘못을 숨기려고 한다. 그러나 리플리 증후군은 자신이 한 거짓말을 진실이라고 믿기 때문에 반대되는 근거를 대더라도 이것을 받아들이지 못한다. 거짓말이 폭로돼도 타인의 오해라고 여기면서 거짓을 인정하지 않는다.

마음속으로 꿈꾸는 허구의 세계, 『재능 있는 리플리 씨』

* 맷 데이먼의 영화 〈리플리〉의 포스터

미국의 심리 스릴러 소설가 퍼트리샤 하이스미스가 1955년에 쓴 『재능 있는 리플리 씨』는 몇 해 전 우리나라에서도 TV 드라마로 방송되었다. 제목은 〈미스 리플리〉. 이 소설은 1960년에 알랭 들롱이 주연을 맡은 〈태양은 가득히〉로 영화화된 적이 있고, 2000년에 맷 데이먼 주연의 〈리플리〉라는 영화로 다시 만들어졌다.

하이스미스가 창조한 리플리라는 인물은 사회에서의 성공을 몹시 바라지만, 실제로는 달성할 조건도 배경도 없기 때문에 계속해서 반사회적인 행위를 저지르고 그것을 정당화하기 위해 끊임없이 거짓말을 해 가는 인물이다.

열등감과 분노에 사로잡힌 한 사기꾼의 이야기가 이토록 사람들의 인기를 끄는 까닭은 우리 모두의 가슴속에 조금씩은 리플리가 자리 잡고 있기 때문일 것이다. 우리 모두 바라는 것은 있으나, 욕심만큼 실현할 능력과 조건이 부족하기 때문이다.

리플리 증후군은 무능력한 개인이 자신의 현실을 부정하면서 시작된다. 욕망을 이룰 수 없는 현실에서 벗어나 마음속으로 꿈꾸는 허구 세계를 만든다. 주변 사람들의 과도한 기대와 압박 때문에 새로운 세계에 갇히기도 한다. 우리 마음속의 리플리가 괴물이 되어 밖으로 나타나게 하지 않으려면 우리 자신의 능력과 의지와 조건을 지금 그대로 인정하고 받아들이고 다독여야 한다.

"괜찮아. 수고했어. 너는 이대로도 훌륭해. 나는 네가 자랑스러워."

참고 문헌

- 강준만, 『감정 독재』, 인물과사상사, 2013.
- 강현식, 『꼭 알고 싶은 심리학의 모든 것』, 소울메이트, 2010.
- 게르트 보스바흐 · 옌스 위르겐 코르프, 강희진 옮김, 『통계의 거짓말 : 정부, 기업, 정치가는 통계로 어떻게 우리를 속이고 있는가?』, 작은책방, 2016.
- 김서윤, 『토요일의 심리 클럽』, 창비, 2011.
- 김진호, 『괴짜 통계학 : 숫자로 읽는 놀라운 세상 이야기!』, 한국경제신문사(한경비피), 2008.
- 노리나 허츠, 이은경 옮김, 『누가 내 생각을 움직이는가』, 비니지스북스, 2014.
- 대니얼 카너먼, 이창신 옮김, 『생각에 관한 생각 : 우리의 행동을 지배하는 생각의 반란!』, 김영사, 2018.
- 더글라스 무크, 진성록 옮김, 『당신의 고정관념을 깨뜨릴 심리실험 45가지』, 부글북스, 2007.
- 데보라 J. 베넷, 박병철 옮김, 『확률의 함정』, 영림카디널, 2003.
- 데이비드 맥레이니, 박인균 옮김, 『착각의 심리학』, 추수밭, 2012.
- 로버트 J. 스턴버그, 이영진 · 방영호 옮김, 『왜 똑똑한 사람이 멍청한 짓을 할까』, 21세기북스, 2009.
- 로버트 치알디니 · 노아 골드스타인 · 스티브 마틴, 김은령 · 윤미나 · 김호 · 황혜숙 옮김, 『설득의 심리학 1, 2, 3』, 21세기북스, 2013.

- 로버트 트리버스, 이한음 옮김, 『우리는 왜 자신을 속이도록 진화했을까? : 진화생물학의 눈으로 본 속임수와 자기기만의 메커니즘』, 살림출판사, 2013.
- 로저 A. 맥케인, 이규억 옮김, 『게임이론 : 쉽게 이해할 수 있는 전략 분석』, 시그마프레스, 2017.
- 롤프 도벨리, 두행숙 옮김, 『스마트한 생각들』, 걷는나무, 2012.
- 리처드 와이즈먼, 박세연 옮김, 『립잇업 : 멋진 결과를 만드는 작은 행동들』, 웅진지식하우스, 2013.
- 리처드 와이즈먼, 이은선 옮김, 『잭팟 심리학 : 행운을 부르는 심리 법칙』, 시공사, 2008.
- 리처드 와이즈먼, 한창호 옮김, 『괴짜 심리학』, 와이즈베리, 2014.
- 리처드 H. 탈러(리처드 세일러) · 션 엘리스 · 모건 브라운, 이영삼 · 김기홍 옮김, 『똑똑한 사람들의 멍청한 선택』, 리더스북, 2016.
- 마리아 코니코바, 박인균 옮김, 『생각의 재구성 : 다르게 생각하면 답이 보인다』, 청림출판, 2013.
- 마테오 모테를리니, 이현경 옮김, 『심리상식사전』, 웅진지식하우스, 2009.
- 마틴 셀리그만, 우문식 · 최호영 옮김, 『낙관성 학습 : 어떻게 내 마음과 삶을 바꿀까? 긍정심리학의 행복 가이드』, 물푸레, 2012.
- 말콤 글래드웰, 임옥희 옮김, 『작은 아이디어를 빅트렌드로 만드는 티핑포인트』, 21세기북스, 2016.

- 박지영, 『유쾌한 심리학』, 신영북스, 2010.
- 비난트 폰 페터스도르프 · 파트릭 베르나우 외 지음, 박병화 옮김, 『사고의 오류』, 율리시즈, 2015.
- 샘 소머스, 임현경 옮김, 『무엇이 우리의 선택을 좌우하는가』, 청림출판, 2013.
- 세르주 시코티, 윤미연 옮김, 『내 마음속 1인치를 찾는 심리실험 150』, 궁리, 2006.
- 수잰 코킨, 이민아 옮김, 『어제가 없는 남자, HM의 기억』, 알마, 2014.
- 스콧 릴리언펠드 · 스티븐 제이 린 · 존 루시오 · 배리 베이어스타인, 문희경 · 유지연 옮김, 『유혹하는 심리학』, 타임북스, 2010.
- 스튜어트 서덜랜드, 이세진 옮김, 『비합리성의 심리학』, 교양인, 2014.
- 실뱅 들루베, 문신원 옮김, 『당신의 이성을 마비시키는 그럴듯한 착각들』, 지식채널, 2013.
- 알렉스 라인하르트, 배인수 옮김, 『당신이 몰랐던 통계 오류 : 데이터 과학 및 분석을 위한 통찰』, 비제이퍼블릭(BJ퍼블릭), 2015.
- 알렉스 보즈, 김명주 옮김, 『위험한 호기심』, 한겨레출판, 2008.
- 애드리언 펀햄, 오혜경 옮김, 『심리학, 즐거운 발견』, 북로드, 2010.
- 요헨 마이 · 다니엘 레티히, 오공훈 옮김, 『현실주의자의 심리학 산책』, 지식갤러리, 2012.
- 우에키 리에, 이소담 옮김, 『불가사의 심리학』, 스카이출판사, 2013.

- 유정식, 『착각하는 CEO』, 알에이치코리아, 2013.
- 이남석, 『편향 : 나도 모르게 빠지는 생각의 함정』, 옥당, 2013.
- 이다 야스유키, 신은주 옮김, 『통계학 리스타트』, 비즈니스맵, 2010.
- 이동귀, 『너 이런 심리법칙 알아?』, 21세기북스, 2016.
- 이소라, 『그림으로 읽는 生生 심리학』, 이밥차, 2008.
- 이시카와 마사토, 박진열 옮김, 『감정은 어떻게 진화했나 : 진화 심리학의 관점으로 바라본 인간에 대한 이해』, 라르고, 2016.
- 자카리 쇼어, 임옥희 옮김, 『생각의 함정』, 에코의서재, 2009.
- 장근영, 『심리학 오디세이』, 예담, 2009.
- 정성훈, 『사람을 움직이는 100가지 심리법칙』, 케이앤제이, 2011.
- 찰스 두히그, 강주헌 옮김, 『습관의 힘 : 반복되는 행동이 만드는 극적인 변화』, 갤리온, 2012.
- 최제호, 『통계의 미학』, 동아시아, 2007.
- 카네만 · 슬로빅 · 트발스키, 이영애 옮김, 『불확실한 상황에서의 판단』, 아카넷, 2010.
- 캐스 R. 선스타인 · 리처드 H. 탈러(리처드 세일러), 최정규 해제, 안진환 옮김, 『넛지 : 똑똑한 선택을 이끄는 힘』, 리더스북, 2009.
- 캐스 R. 선스타인, 장경덕 옮김, 『심플러 : 간결한 넛지의 힘』, 21세기북스, 2013.
- 크리스토퍼 차브리스 · 대니얼 사이먼스, 김명철 옮김, 『보이지 않는 고릴라』, 김영사, 2011.

- 폴커 키츠 · 마누엘 투쉬, 김희상 옮김, 『심리학 나 좀 구해줘』, 갤리온, 2013.
- 필 로젠츠바이크, 김상겸 옮김, 『올바른 결정은 어떻게 하는가 : 모두를 살리는 선택의 비밀』, 엘도라도, 2014.
- 하워드 댄포드, 김윤경 옮김, 『불합리한 지구인 : 인간 심리를 지배하는 행동경제학의 비밀』, 비즈니스북스, 2011.
- EBS 〈인간의 두 얼굴〉 제작팀, 『인간의 두 얼굴 : 외부 조종자』, 지식채널, 2010.
- SERICEO 콘텐츠팀, 『삼매경 : 세상을 비추는 지식 프리즘』, 삼성경제연구소, 2011.
- SERICEO 콘텐츠팀, 『삼매경 두 번째 이야기 : 마음에 찍는 쉼표와 느낌표』, 삼성경제연구소, 2013.